Anweisung

zu

Erhaltung der Dämme

bei

Stromergießungen und Eisgängen.

Von

C. F. Wagner,

Königl. Sächs. Wasserbau-Director.

Mit 13 Kupfertafeln.

Grimma,

bey C. F. Göschen-Beyer, 1827.

Seiner Excellenz

dem

Königlich Sächsischen Geheimen Kabinets-
Minister und Staatssecretair

Herrn Grafen Detlev von Einsiedel

Dom-Dechant zu Meißen, Präbendat zu Wurzen, Ritter des Königlich Sächsischen Haus-Ordens der Rautenkrone und Großkreuz des Civilverdienst-Ordens, ingleichen des Königlich Kaiserlichen Ungarischen St. Stephans- des Königlich Spanischen Carl III.- des Königlich Baierschen St. Hubertus- des Großherzoglichen Toskanischen St. Josephs- und des Großherzoglichen Sachsen-Weimarschen weißen Falken-Ordens Großkreuz.

Herrn auf Mückenberg, Frauendorf, Wolkenburg, Ehrenberg, Kaufungen, Prietiz ꝛc.

ehrfurchtsvoll gewidmet

von

dem Verfasser.

Vorrede.

Ueberall wo der menschliche Kunstfleiß die niedrigen und eben darum gewöhnlich fruchtbaren Gegenden an Strömen und Flüssen der Kultur unterworfen hat, ist er auch bemühet gewesen, sie gegen die verderblichen Ergießungen der Gewässer durch angelegte Dämme oder Deiche zu sichern, und die Erhaltung der letztern zur Zeit jener Ergießungen ist um so wichtiger, weil nicht allein davon die Erreichung des beabsichtigten Zwecks abhängt, sondern auch weil bei einer Durchbrechung derselben, die Kosten der Wiederherstellung abgerechnet, das mit einer großen Fallhöhe und darum gewaltsam einstürzende Wasser nicht selten durch Auswaschen beträchtlicher Löcher oder Kolke, durch Wegführung des kultivirten und kulturfähigen Bodens oder durch Ueberführung desselben mit Kieß und Sandschichten, beträchtliche Theile des eingedämmten Landes in unnütze Lachen und Lehden verwandelt, die nie, oder doch nur mit großem Aufwand und Anstrengung wieder zur Kultur gebracht werden können, ja selbst den, in diesen Niederungen erbaueten Ortschaften, den in ihnen wohnenden Menschen und ihren Hausthieren Gefahr und Verderben bereitet.

Fast nie aber kann man von der unbedingten Haltbarkeit eines Dammes überzeugt seyn, denn wer vermag schon an sich die absolute Höhe zu bestimmen, bis zu welcher eine Stromergießung steigen könne, wer die Beschädigungen im Voraus zu berechnen, welche ein heftiger Wellenschlag und der Stoß des Eises an den Dämmen anrichten könne? überdieß werden auch durch Maulwürfe, Mäuse und ähnliche Thiere oft Hohlungen in den Dammkörper gebildet, die man erst dann wahrnimmt, wenn sich ein hoher Wasserstand an den Dämmen befindet und die, wenn nicht zeitig dagegen Vorkehrungen getroffen werden, die Veranlassung zum Untergange eines Dammes werden können, des freventlichen Durchstechens desselben nicht einmal zu erwähnen.

Zu diesen, die Dauer jeden Dammes mehr oder weniger gefährdenden Umständen kommen aber meistens noch andere, locale, hinzu, durch welche die Gefahr noch bedeutend vermehrt wird.

Wohl nirgends wird ein Strom oder Fluß angetroffen werden, dessen Strombette völlig regelmäßig wäre, vielmehr findet man in der Strombahn derselben oft bedeutende Krümmungen, Stromengen, Mittelheeger, auch wohl hin und wieder unzweckmäßige und schädliche Einbaue.

Alle diese Unregelmäßigkeiten sind eben so viele

Hindernisse des freien und gleichmäßigen Abzugs der aus den obern Flußgebieten zugeführten Wasser- und Eis-Masse. Fehlt es aber irgendwo an diesem, so muß nothwendig der Fortgang des Eises aufgehalten, wohl gar ganz gehemmt und zu Entstehung von Eisstämmungen oder sogenannter Eisschütze Veranlassung gegeben werden, dadurch aber wieder oberhalb derselben das Wasser zu einer ungewöhnlichen, die anliegenden Dämme gefährdenden Höhe anschwellen.

Nicht minder nachtheilig für die Haltbarkeit der Dämme, wirken Fehler in der Dammlinie selbst.

Die meisten Dämme sind in Zeiten entstanden, in denen Strompolizei noch in ihrer Kindheit war, jeder gab ihnen daher die Lage, die er seinem Vortheile am angemessensten hielt und nur seltner findet man daher eine richtige Größe des Ueberschwemmungsprofiles berücksichtiget. Wird aber letzteres durch die an den Fluß herantretenden Dämme stellenweise zu sehr verengt, so kann die aus den obern Gegenden zuströmende Wassermenge ebenfalls nicht gleichmäßig gefördert werden und es muß dann ein Rückstau und somit wiederum eine Anschwellung des Wassers oberhalb und eine schnellere Strömung innerhalb der Stromenge die Folge seyn.

Die Regulirung der Strombahnen und Damm-linien wäre allerdings für die sämmtlichen im Flußthale gelegenen Grundstücke ein sehr nützliches, ja nothwendiges Unternehmen, aber gewöhnlich findet sie in der Ausführung theils in den Kosten der dazu erforderlichen Bau-Unternehmungen, theils in dem Verkennen der Nützlichkeit der dazu geschehenen technischen Vorschläge, theils endlich in den damit verbundenen oft wirklichen, öfter auch nur vermeintlichen, nichts desto weniger aber mit eigennütziger Hartnäckigkeit vertheidigten und nicht immer zu berücksichtigenden Privatinteresse der anliegenden Grundstücksbesitzer, ein unübersteigliches Hinderniß.

Endlich vermehrt ein unzweckmäßiger Bau der Dämme, als der Mangel hinlänglicher Höhe, Stärke und Böschung, die Anwendung eines schlechten Materiales und anderer, bei ihrer Errichtung begangener Fehler, die sich häufig nicht so leicht verbessern lassen, die Gefahr für dieselben und die Nothwendigkeit zu ihrer Erhaltung die größte Sorgfalt und die angemessensten Mittel anzuwenden.

Bei einem jeden Wasserbauofficianten, dem die Sorge für Erhaltung der Dämme aufgetragen ist, darf man zwar billig die vollständige Kenntniß von den dazu in jedem Falle zu nehmenden Maaßregeln, voraussetzen, allein da die Zahl solcher geübten und erfahrnen Officianten doch in der Regel nicht ausreichend ist, um an allen Puncten, wo Gefahr eintritt oder eintreten kann, persönlich anwesend zu seyn, so müssen diese Veranstaltungen meistens den Damminteressenten selbst überlassen bleiben, denen die nöthigen Kenntnisse von den zu veranstaltenden Notharbeiten abgehen und die deshalb nach eigenen, oft sehr sonderbaren und irrigen Ansichten handeln.

Je mehr nun aber von der zweckmäßigen Anordnung dieser Arbeiten und der richtigen Benutzung des gewöhnlich dazu bleibenden kurzen Zeitraumes die Rettung eines Dammes und das Wohl ausgebreiteter Landstriche abhängt, um so nützlicher scheint eine Anweisung zu seyn, aus welcher die Uferbewohner selbst, oder auch nicht technische Polizeibehörden, Belehrung über die, nach Beschaffenheit der eintretenden verschiedenen Ereignisse zu treffenden Veranstaltungen und vorzunehmenden Arbeiten, schöpfen zu können. Und obgleich nicht zu verkennen ist, daß auch bei Anwendung der zweckmäßigsten Mittel der Erfolg nicht allezeit verbürgt werden kann, indem besonders bei Entstehung starker Eisstopfungen bisweilen keine menschliche Kraft es vermag, die Verwüstungen des Wassers und Eises abzuwenden, so hat doch die Erfahrung vielfach gezeigt, daß durch Vernachläßigung oder Anwendung zweckwidriger Mittel Dämme gebrochen sind, die wohl zu erhalten gewesen wären und im Gegentheil durch ein angemessenes Verfahren, möglichste Benutzung der Zeit, Entschlossenheit, Muth und Ausdauer selbst dann, wenn nur noch wenig Hoffnung zu Rettung eines Dammes vorhanden zu seyn schien, doch dem gefürchteten Unglücke vorgebeugt worden ist.

In mehrern hydrotechnischen Schriften sind zwar verschiedene Verfahrungsarten zu Erhaltung der Dämme bei Hochgewässern und Eisgängen angegeben worden, da sie aber darin theils zerstreut, theils nur unvollständig vorkommen, vorzüglich aber, weil diese Schriften sich in den Händen nur sehr weniger Grundstücksbesitzer, denen an Erhaltung ihrer Dämme gelegen ist, oder nicht technischen Behörden, welche zur Zeit der Noth zu diesem Zwecke mit einwirken sollen, befinden dürften, so schien es kein ganz überflüßiges Unternehmen zu seyn, die in jenen Werken enthaltenen Belehrungen, so weit sie wirklich anwendbar sind, nach einer gewissen Ordnung zusammen zu stellen und dasjenige hinzuzufügen, was außerdem durch eine langjährige Erfahrung sich als das zweckmäßigste bewähret hat.

Aus diesem Gesichtspuncte — nicht aber als eine Anweisung für Wasserbaumeister in diesem Theile ihrer Wissenschaft — wünsche ich die gegenwärtige Anweisung beurtheilet und aufgenommen zu sehen.

Der Verfasser.

Inhalt.

Erstes Capitel.

Erklärung der vorzüglichsten bei Dämmen und Dammschleusen vorkommenden Benennungen.

§. 1.

Die Theile, aus denen die Dämme, und Dammschleusen bestehen, haben verschiedene Benennungen erhalten, welche bei der Anweisung zu Erhaltung der Dämme bei Hochgewässern und Eisgängen oft werden gebraucht werden.

Nachstehende Erklärungen dieser Benennungen, so weit sie hier nothwendig sind, werden daher für diejenigen, welchen die Bedeutung derselben nicht genau bekannt ist, nicht überflüßig seyn.

§. 2.

Ein Damm (Deich) ist eine, längs der Ufer eines Gewässers, von Erde, zuweilen auch mit Beihülfe anderer Materialien, aufgeführte Erhöhung, durch welche das Austreten des Wassers gehindert, oder das hinter, oder innerhalb des Dammes liegende Land — gewöhnlich das Binnenland genannt — gegen Ueberschwemmung geschützt werden soll.

§. 3.

Ein Damm bestehet:

1) aus der Dammkappe, a b Tab. I. Fig. 1. welche die obere Breite des Dammes bildet, und auch die Krone, oder der Kamm genannt wird.

2) aus der äußern Dammböschung a c, auch Abdachung, oder Doßirung, zuweilen auch die Brustseite genannt, welche gegen den Strom zu gekehret ist,

3) aus der innern Dammböschung Abdachung, oder Doßirung, b d welche nach dem Binnenlande zu liegt.

Mit dem eigentlichen Dammkörper, welchen im Profile Fig. 1. c a b d c bildet, stehet in genauer Verbindung

4) die äußere Berme c e, diese bestehet aus einer Rasenfläche, welche in einer Breite von gewöhnlich 12, 16 bis 24 Ellen*) längs des Dammes, auf der gegen das Gewässer oder den Strom zu liegenden Seite desselben, hinläuft. Die Höhe dieser Berme wird nach der mittlern Höhe des vor dem Damme befindlichen Landes bestimmt.

5) die innere Berme d f, welche eine gleiche Rasenfläche innerhalb des Dammes von 8 bis 12 Ellen Breite, ist.

6) das Vorland, e g, ist der vor der äußern Berme bis zum Ufer g h des Stromes gelegene Theil des Landes.

*) Alle Maasbestimmungen beziehen sich auf Dresdner Maaß.

§. 4.

Die Größe einer Dammböschung wird nach dem Verhältniß ihrer lothrechten Höhe a h Fig. 2. oder b c Fig. 3. zu ihrer untern Anlage h c oder i d bestimmt und benannt. Ist z. B. die lothrechte Höhe a h Fig. 2. der Dammböschung a h c in der untern Anlage derselben h c dreimal enthalten, so sagt man: der Damm habe dreifache Böschung oder Böschungsanlage; ist aber die lothrechte Höhe b i der Dammböschung b i d und der untern Anlage derselben i d nur ein und ein halb mal enthalten, oder verhält sich die Höhe b i Fig. 3. zu der Anlage i d wie 2 zu 3, so ist die Böschung nur ein und ein halbfach, oder sie hat ein und ein halbfache Böschungsanlage.

§. 5.

Eine Dammschleuse ist ein, unter einem Damme weggeführter Kanal, durch welchen das, sich innerhalb des Dammes sammelnde Wasser dem Strome bei einem niedrigen Wasserstande desselben, zugeführet werden kann, indem zugleich das vor dem Damme bei Stromergießungen hoch ansteigende Wasser mittelst der Schütztafeln zurückgehalten wird, durch die Schleuse zu dringen und das Binnenland zu überschwemmen.

§. 6.

Die Dammschleusen werden entweder von Steinen, oder von Holz erbauet.

Um die Theile, aus welchen eine Schleuse bestehet, anschaulich zu machen, ist Tab. II. eine steinerne Schleuse in Fig. 4. im Längendurchschnitt, in Fig. 5. im Grundriß, und in Fig. 6. im Querdurchschnitt dargestellt worden.

Die Theile einer Dammschleuse sind folgende:

1) die Schleusenkammer, oder die Oeffnung ab. An den Enden derselben befinden sich die Falze cd und ef zu den Schützafeln. Die Schleusenkammer wird gebildet, durch

a) die Schleusensohle oder den Boden der Schleuse, ab

b) die beiden Seitenwände gh, und

c) die Decke der Schleuse, welche bei der hier dargestellten Schleuse, aus dem Gewölbe iki bestehet.

2) Die Vorschleuse, lm, welche oben offen ist, und diese bestehet

a) aus der Sohle lm, oder dem Heerde, oder Boden,

b) aus den Flügelwänden no, welche sich nach außen zu erweitern, und mit der Dammböschung gleiche Abdachung erhalten.

3) Die Hinterschleuse pq, welche gleiche Theile mit der Vorschleuse hat, nämlich

a) die Sohle, oder den Heerd pq, und

b) die Flügelwände rs.

4) Die Schütztafeln, welche an den Enden der Schleusenkammer sich befinden, und in Falzen

oder Zargen c d e f sich auf und nieder bewegen lassen, um mittelst derselben die Schleuse öffnen, oder schließen zu können.

Zweites Capitel.

Von dem, zu Erhaltung der Dämme bei Hochgewässern und Eisgängen nöthigem Baumaterialie, dessen Beschaffenheit und Zurichtung.

§. 7.

Zu den Baumaterialien, welche zu Erhaltung der Dämme während Hochgewässern und Eisgängen vorzüglich brauchbar sind, gehören folgende, nämlich

1) Lange Pfosten oder Bohlen von 12 und mehr Zoll Breite, und 2 bis 4 Zoll Stärke.

Diese leisten bei Aufkastungen vorzüglich gute Dienste.

Da die Anschaffung derselben aber kostspielig ist, sie auch nicht an allen Orten sofort erlangt werden können, so lassen sie sich auch

2) durch Breter ersetzen. Die Länge der Breter ist willkührlich, und sie können daher von der Länge genommen werden, wie sie auf den Schneidemühlen in der Gegend gewöhnlich geschnitten werden. Dagegen dürfen sie aber nicht zu schwach seyn, und müssen, wenn nicht Nothfälle eine Ausnahme hiervon nöthig machen, wenigstens 1 bis 1½ Zoll

Stärke haben. Je breiter man sie erhalten kann, desto besser ist es, und ungesäumte Breter können nur bei einigen Vorfällen angewendet werden, zu Aufkastungen sind sie aber nicht brauchbar.

In einigen Fällen läßt sich auch

3) von beschlagenen Balkenhölzern, und im Nothfalle auch von unbearbeiteten Baumstämmen, besonders bei Aufkastungen, Gebrauch machen.

4) Stangen von verschiedener Länge, und 3 bis 5 Zoll Stärke.

5) Pfähle, von $1\frac{1}{2}$ bis 8 Ellen Länge und verhältnißmäßiger Stärke. Die $1\frac{1}{2}$ und 2 elligen Pfähle, welche $2\frac{1}{2}$ bis 3 Zoll Stärke erhalten, werden mehrentheils zu niedrigen Aufkastungen, zu Spreitlagen, und zum Befestigen der Faschinen auf der äußern Böschung beim Wellenschlage; die 3 und $3\frac{1}{2}$ elligen Pfähle, von 3 bis $3\frac{1}{2}$ Zoll Stärke, zu den Faschinen-Vorlagen; die längern aber zu Aufkastungen auf den Dammböschungen gebraucht.

Die Pfähle müssen gleichförmig und fast rund behauen, unten aber vier- oder dreiseitig zugespitzt werden. Die Spitze wird dreimal so lang, als der Pfahl stark ist, gemacht, jedoch darf dieselbe nicht ganz spitz auslaufen, sondern muß unten etwas verbrochen, und stumpfer zugespitzt werden.

Die Pfähle, welche zu Spreitlagen oder Faschinenvorlagen verwendet werden sollen, müssen am obern Theile oder Kopfe etwas mehrere Stärke, als an der übrigen Pfahllänge, erhalten, weil der

Pfahl sonst die Bindwaasen oder Flechtzäune nicht festhalten kann, und diese sich dann gewöhnlich in die Höhe geben. Um dem vorzubeugen, kann man sich auch der Ancker oder Hackenpfähle bedienen. Diese Pfähle können aber nicht aus gespaltenem Holze verfertiget werden, sondern es sind hierzu nur starke Zweige, an denen Aeste vorhanden sind, tauglich. Den stärksten Ast, am obern dicksten Ende des Pfahles läßt man dann beim Zuhauen desselben 3 bis 4 Zoll lang stehen.

In Ermangelung der Hackenpfähle kann man auch durch gewöhnliche Pfähle, zu denen das Holz zu schwach ist, um oben einen Kopf anhaüen zu können, ein Loch bohren, und durch dasselbe ein 4 Zoll langes Hölzchen stecken.

Auch müssen die obern Ecken des Pfahles etwas verbrochen werden, weil sonst der obere, stärker gelassene Theil desselben, beim Einschlagen leicht abspringt.

6) Faschinen. Zu Fertigung derselben ist Reißig von Nadelhölzern, an welchem die Nadeln noch nicht vertrocknet sind, am brauchbarsten, weil das Laubholz zu der Zeit, wenn man Faschinen zu Erhaltung der Dämme gewöhnlich gebraucht, das ist gegen Ende des Winters, bei Eisgängen, das Laub verloren hat.

Die Faschinen erhalten gewöhnlich eine Stärke von 12 Zoll, und eine Länge von 3 Ellen, ungerechnet der dünn auslaufenden Spitzen.

Die Faschinen, wozu das Reißig mit denen Stammenden neben einander gelegt, und möglichst fest zusammen gedrückt werden muß, werden durch zwei Bänder von Bindweiden zusammen gehalten, wovon das unterste $\frac{1}{2}$ Elle vom untern Ende der Faschine, das andere aber, $1\frac{3}{4}$ bis 2 Ellen von demselben entfernt, angelegt wird.

Zu Fertigung dieser Bänder wird weiter unten Anweisung ertheilet werden.

7) Näthergerten. Dieses ist Faschinenreiß von 5 bis 6 Ellen Länge. Weidenes Holz ist hierzu das vorzüglichste, doch ist auch in dessen Ermangelung pappelnes und ellernes Holz dazu brauchbar.

8) Die Bindweiden (auch Wehden genannt) sind zum Fertigen der Faschinen, und Bindwaasen, von denen gleich nachher die Rede seyn wird, erforderlich. Man nimmt hierzu etwa $\frac{3}{8}$ Zoll am Stammende starke, und $2\frac{1}{2}$ bis 3 Ellen lange Reiser von schlanken, und nicht brüchigen Weiden, oder auch in Ermangelung derselben, Reiser von Birken, Pappeln, und Haseln, oder auch Tannenwurzeln.

Vor dem Gebrauche werden die Bindweiden, wenn sie noch ihren vollen Saft haben, über lodern- dem Feuer gebähet, wenn sie aber trocken sind, einige Tage in Wasser gelegt.

Um die zu einem Bande erforderliche Schleife zu machen, wird die Bindweide, damit sie biegsamer werde, von unten nach oben, nach einerlei Seite umgedrehet. Ist die Bindweide so vorgerichtet, so wird die Schleife gemacht.

Die einfachste, und am leichtesten zu machende Art von Schleife wird gefertiget, indem man die bereits, nach obiger Anweisung, gedrehete Bindweide in einiger Entfernung von ihrer Spitze um einen Finger biegt, und drei bis viermal, nach dem Stammende zu, unter beständigem Umdrehen, umwindet, wie aus Fig. 7. Tab. III. zu ersehen ist.

Um nun ein dergleichen Band an eine Faschine, oder an eine Bindwaase anzulegen, steckt der Arbeiter das Band zuerst mit dem Stammende unter dem, zur Faschine bestimmten Reisbündel, oder unter das, auf der Bindwaasenbank gelegte Reißig, durch, und ziehet es so weit an, daß das Ende der Schleife oben auf die Mitte der Faschine, oder Bindwaase zu liegen kommt. Hierauf wird das unten durchgesteckte starke Ende des Bandes durch die Schleife, indem man diese fest hält, gesteckt, und straff angezogen. Während des Anziehens wird die Faschine oder Bindwaase in der Nähe des Bandes, fest zusammen gedrückt, und dann das, durch die Schleife gesteckte starke Ende, möglichst umgedrehet, hierauf einmal zirkelförmig umgelegt, dann wieder stark umgedrehet, und nochmals umgelegt, wodurch zwei Windungen erhalten werden, die einen Knopf oder Knoten, wie bei dem Binden der Garben, bilden. Diesen Knoten nennt man gewöhnlich das Schloß. In Fig. 9. Tab. III. ist ein dergleichen Schloß in der Seitenansicht, und in Fig. 8. von oben anzusehen, dargestellt.

Endlich steckt man den vorstehenden starken Theil der Bindweide unter dem Bande durch die Faschine, oder bei Bindwaasen, oben auf denselben unter das nächste Band, wobei das letzte Band rückwärts unter das vorletzte Band untergesteckt wird.

9) Bindwaasen, auch Wippen oder Würste genannt.

Dieses sind lange und dünne Faschinen, welche aus gut zusammen gebundenen, bis 1 Zoll dicken Reisern von frischem weidenen, pappelnen, birkenen, oder ellernen Holze bestehen. Nur im Nothfalle, oder wenn die Bindwaasen zu Aufkastungen gebraucht werden sollen, nimmt man dazu grünes Reiß von Kiefern, Fichten oder Tannen.

Die Bindwaasen erhalten, wenn sie zur Befestigung von Spreit- oder Faschinen-Lagen angewendet werden sollen, eine Dicke von 5 bis 6 Zoll, zu Aufkastungen können sie aber eine Dicke von 12 Zoll, und mehr erhalten, und man giebt ihnen eine Länge von 8, 16 bis 24 Ellen.

Zum Behuf der Verfertigung der Bindwaasen, werden je zwei und zwei $2\frac{1}{2}$ Ellen lange Pfähle kreuzweis, so daß sie die Gestalt eines Kreuzbockes erhalten, in den Erdboden eingetrieben. Da, wo sich die beiden Pfähle etwa $\frac{3}{4}$ Ellen von ihrem obern Ende kreuzen, werden sie mit einem Bindweidenbande umbunden, damit die obern Enden sich nicht auseinander geben können. Dergleichen Kreuzböcke werden so viele, als es die Länge, welche die Bindwaase erhalten soll, erfordert, in etwa 1 bis $1\frac{1}{2}$ Elle Abstand von einander auf ebenem Boden, nach einer ausgespannten Leine, in gerader Richtung hinter einander errichtet. Auf diese Bindwaasenbank legen die Arbeiter das zu den Bindwaasen bestimmte Reißig und zwar die stärksten, längsten und schlanksten Reißer in die Mitte, die dünnsten und biegsamsten aber äußerlich. Dabei muß zugleich darauf gesehen werden, daß alle Stammenden der Reißer in die Mitte der Bindwaase gebracht werden, so daß sie von außen nicht gesehen werden können, auch dürfen nie zwei Stammenden neben oder auf einander zu liegen kommen. Um die, in dieser Art gehörig auf die Bindwaasenbank aufgelegten Reißer wird auf 8 bis 12 Zoll Abstand von einander ein Band von Bindweiden, nach der bereits unter No. 8. ertheilten Anweisung, gelegt, wobei zu beobachten ist, daß die Schlößer der Bänder sämmtlich auf eine Seite in gerader Linie kommen müssen. Beim Gebrauche werden die Bindwaasen dann so gelegt, daß die Schlößer unten liegen.

10) Senk- oder Grundfaschinen. Diese bestehen äußerlich aus Faschinenreißig, sind aber inwendig mit Steinen oder grobem Kieß angefüllt.

Sie erhalten mehrentheils eine Dicke von 1 bis höchstens 2 Ellen, und eine Länge von 8 bis 16 Ellen.

Da diese Art Faschinen sich schwer transportiren läßt, so müssen sie in der Nähe des Ortes, wo sie gebraucht werden sollen, gefertiget werden.

Zum Behuf der Anfertigung der Grundfaschinen werden zwei starke Lagerhölzer aa, bb, Fig. 10 u. 11. Tab. III. von etwas mehrerer Länge, als die Grundfaschine erhalten soll, parallel neben, dabei aber etwas weiter von einander entfernt gelegt, als der Durchmesser der Faschine beträgt. Auf diese Hölzer legt man, in Entfernungen von etwa $\frac{2}{3}$ bis 1 Elle von einander, quer über kleine schmale Bretstücke, Latten, oder in deren Ermangelung auch Baupfähle c c; ferner schlägt man $3\frac{1}{2}$ Ellen lange Pfähle d in Entfernungen von höchstens 1 Elle von einander inwendig längs der Lagerhölzer hin, ein, so daß diese zwei geradlaufenden Parallellinien in so weitem Abstande von einander sich befinden, als die Grundfaschine dick werden soll. Nachdem quer über die Lagerhölzer a b in Abständen von 8 bis 12 Zoll hinreichend lange Bänder e e ausgebreitet worden sind, wird auf dieselben, innerhalb des Raumes f g Fig. 10. welcher durch die eingeschlagenen Pfähle gebildet worden ist, nicht allzustarkes, aber geradgewachsenes Faschinenreißig nach Verhältniß der Dicke der Faschine, 6 bis 10 Zoll hoch gelegt, wie aus Fig. 11. f g, h i ersichtlich ist. Dabei dürfen die Sturzenden nicht nach außen, sondern nach dem inwendigen Theile der Grundfaschine, und nicht mehrere auf eine Stelle zusammen, zu liegen kommen, an den Enden der Faschine müssen sie aber nach der Mitte gerichtet werden. Diese Faschinenreißiglage belegt man nun mit einer Rasenschicht k l, doch so, daß an beiden Seiten ein unbelegter Streif von der

Breite, welche die Dicke der ersten Faschinenreißiglage fghi erhalten hat, bleibt. Die Spitzen des Reißigs an beiden Enden der Grundfaschine müssen etwas mehr, als die Stärke der Faschine beträgt, vorstehend bleiben, man belegt sie aber weder mit Rasen, noch späterhin mit Steinen, oder Kieß. Hierauf legt man an die zu beiden Seiten geschlagenen Pfähle dd Faschinenreiß hmon und nipq so breit an, als die unterste Reißiglage fghi stark gemacht worden ist, d. i. 6 bis 10 Zoll, setzt an dasselbe Rasenstücken rs, tu und füllt den Zwischenraum vwxy mit grobem Kieß oder nicht allzugroßen Steinen aus, die aber, eben so, wie der Kieß gleichförmig vertheilet werden müssen. Diese Arbeit setzt man so lange fort, bis die Stein- oder Kießmasse so hoch wird, als sie Breite erhalten hat, indem man vx, und wy gleich groß vw macht. Oben auf die Seitenrasen und die Stein- oder Kießausfüllung legt man dann eine Rasenschicht zα und bedeckt diese wieder mit einer 6 bis 10 Zoll hohen Faschinenreißiglage nopq, $\beta\gamma$. An beiden Enden der Grundfaschine, doch so, daß noch Reißig genug hervorstehet, wird ebenfalls eine Rasenwand nach und nach mit aufgesetzt, damit die Steine oder der Kieß nicht herausrollen können.

An jedem Ende der Grundfaschine legt man dann ein Band so an, daß die Spitzen des Faschinenreißigs noch über dasselbe hinausragen, biegt die Schwippen des oben aufgelegten Faschinenreißigs gut herunter, und steckt sie in die unterste Faschinenreißiglage. Die Schwippen der Seitenreißer steckt man auf der entgegengesetzten Seite unter, wobei man sie straff anziehet, und die der untersten Lage zieht man ebenfalls möglichst straff an, und befestiget sie an das, um die Grundfaschine bereits gelegte Band. Hierauf wird am Ende der Grundfaschine ein zweites Band, und dann werden auch die übrigen Bänder, nachdem sie vorher fest angezogen worden sind, umgelegt.

Eine Bindweide hat zu einem dergleichen Bande aber nicht die hinreichende Länge, und man muß daher zwei schlanke, etwa halbzollige Bindweiden vermittelst der Schleifen mit einander verbinden. Auch thut man wohl, bei starken Grundfaschinen zu einem Bande doppelte Bindweiden zu nehmen.

11) Sandsäcke. Sie können aus gewöhnlichen Kornsäcken bestehen, welche mit grobem Sand vollgefüllt werden.

12) Horden. Diese dienen vorzüglich zur Beschützung der äußern Dammböschungen gegen den Schaden, der durch heftigen Wellenschlag an denselben verursacht wird, und gewähren hierbei oft mehr Nutzen, als eine Faschinendecke.

Die Horden können zwar von beliebiger Länge und Breite gemacht werden, eine Länge von 6 Ellen und eine Breite von 2 Ellen ist jedoch als die angemessenste gefunden worden.

Gegen beide Enden der langen Seite werden an diese Horden eine Art Henkel oben und unten angebracht, um sie auf den Dammböschungen mit

Pfählen, wozu kurze Hackenpfähle vorzüglich brauchbar sind, befestigen zu können.

Zu Verfertigung einer Horde werden 21 Stück 1½ Zoll starke, und 2½ Ellen lange Pfähle gebraucht. Zu den Pfählen können vorzüglich Stöcke von weidenem, ellernem, birkenem oder pappelnem Holze genommen werden, die unten zugespitzt werden müssen.

Zu dem Geflechte der Horden nimmt man lange, sogenannte Zaungerten, d. i. glatte Ruthen, wie man sich zum Flechten der Zäune bedient, welche am Stammende etwa ¾ Zoll dick sind.

Die Pfähle schlägt man in gerader Linie ½ Elle tief und senkrecht, in Abständen von 7½ bis 8 Zollen von Mittel zu Mittel der Pfähle gerechnet, in die Erde ein.

Um die Pfähle während des Flechtens in unverrückter Stellung zu erhalten, wird zuvörderst oben und unten ein Flechtwerk von zwei Zaungerten gefertiget, und zwischen jeden zwei Pfählen mit einer Bindweide fest zusammen gebunden. Beim Flechten selbst, wird die erste Gerte, an den ersten Pfahl mit ihrem Stammende an der linken Seite desselben, die zweite aber auf der rechten Seite desselben schräg angelegt, und hierauf werden diese beiden Gerten in schlangenförmigen Linien um die Pfähle eingeflochten, indem man jede dieser Ruthen, so weit als sie reicht, einmal auswärts, und das anderemal wieder einwärts immer um den nächstfolgenden Pfahl schlingt. Hierbei darf aber nicht eine Gerte allein längs der Pfähle hin, und dann darüber die zweite Gerte eingeflochten werden, sondern es muß allezeit mit zwei Gerten, die, wie bereits angewiesen worden ist, zu beiden Seiten des ersten Pfahles angelegt worden sind, zugleich der Anfang gemacht werden, und zwar in der Art, daß jede derselben wechselsweise einmal oben, und einmal unten zu liegen kommt.

Zu mehrerer Festigkeit der Horde gereicht es, wenn die über den letzten Pfahl hervorragenden Spitzen der Gerten, um denselben herumgebogen, und rückwärts, in der eben beschriebenen Art, eingeflochten werden.

Ist das Flechtwerk oben und unten in dieser Art vollendet, so werden die dicksten Enden von zwei Zaungerten an beiden Seiten zwischen die bereits eingeflochtenen Gerten des untersten Flechtwerckes gesteckt, und in der angewiesenen Art eingeflochten. So wird nun abwechselnd mit dem Flechten der Horde von der einen bis zur andern Seite fortgefahren, bis die Horde auf diese Art 8 bis 12 Zoll Höhe erreicht hat. Dann wird das Geflechte derselben jedesmal mit hölzernen Handschlägeln in der Nähe der Pfähle zusammen getrieben, damit die eingeflochtenen Gerten dicht auf einander zu liegen kommen, doch muß man vor dem Zusammentreiben an den Stellen, wo neue Gerten untergesteckt werden sollen, ein rundes zugespitztes Stück Holz von $\frac{1}{2}$ Elle Länge, und am stärksten Ende von 2 Zoll Stärke, einstecken, damit daselbst eine Oeffnung bleibe, durch welche die neu einzuflechtenden Gerten gesteckt werden können.

Ist die Horde etwas über die Hälfte fertig, so wird das obere Flechtwerk mit Handschlägeln herunter getrieben, und dann wieder, wie vorher, das Flechten fortgesetzt.

Hat endlich die Horde beinahe ihre gehörige Höhe erhalten, so werden die Enden der letztern Gerten rückwärts gut untergesteckt und eingeflochten, damit das Flechtwerk nicht wieder aufgehen könne. Auch verbindet man noch überdies die obersten Lagen zwischen jedem paar Pfählen durch dünne Bindweiden mit einander, damit das Flechtwerk oben von den Pfählen nicht abgestreift werden könne. Ferner werden die beiden obern Henckel oder Ringe, die von zusammengedreheten Bindweiden gefertiget werden, zwischen dem vierten und fünften, so auch zwischen dem siebzehnten, und achtzehnten Pfahl befestiget.

Ist nun die Horde so weit gefertiget, so wird an den Pfählen mit einem Grabscheit der Boden losgegraben, um die Horde ohne Beschädigung wegheben zu können. Die Horde wird hierauf an zwei Stützen so aufgestellt, daß nun die untere Seite oben zu stehen kommt, um auch an dieser Seite die Henckel oder Ringe, den obern gegen über, anbringen, und die über den untern Rand der Horde vorstehenden Pfähle abschneiden zu können.

Wenn etwa bei ungleicher Stärke der Zaungerten das Flechtwerk nicht durchgängig gleiche

Höhe erhalten sollte, so muß man diese Ungleichheit während des Flechtens durch Einsteckung und Einflechtung von einer, oder nach Beschaffenheit der Umstände von ein paar Gerten, zu verbessern suchen. Das Stammende einer dergleichen einzuwechselnden Gerte darf aber nicht gerade aufgelegt, sondern es muß in die kleine Oeffnung, welche sich zwischen einem Pfahle, und der vorher bereits eingeflochtenen Gerte befindet, eingesteckt werden, damit kein Stammende auf der Fläche der Horde sichtbar werde.

13) Stroh, in Bunden.

14) Erde. Sie muß bindend und feinkörnig seyn, daher ist Sand eben so wenig, als eine mit Kieseln und Steinen untermengte oder aus groben Stücken bestehende Erde, reiner Lehm und Thon aber nur dann anwendbar, wenn er nicht zu hart, sondern hinlänglich feucht ist, um sich gehörig zerstoßen, und wieder fest stampfen zu lassen, so daß keine Hohlungen bleiben. Am brauchbarsten ist gewöhnlich Acker- Garten- und sogenannte Klei- oder Damm-Erde.

15) Dünger. Der mit Stroh stark vermischte Dünger ist am brauchbarsten.

16) Steine. Die vorzüglichsten Steine sind die, welche eine regulaire Form haben, z. B. Grundstücke. Zu mehreren Vorkehrungen können aber auch unregelmäßige Steine, wenn sie nur nicht zu klein sind, als Sandsteinhurzeln, und andere Arten von Bruchsteinen, gebraucht werden.

17) Grober Kieß, zu Ausfüllung der Grundfaschinen.

Drittes Capitel.

Verzeichniß und Beschreibung der erforderlichen Baugeräthschaften.

§. 8.

1) Baukarren, zu Herbeischaffung der Erde, und des Düngers.

Der Karrenkasten muß sich nach oben zu erweitern, um das Ausladen dadurch zu erleichtern. Die hintere, dem Rade am nächsten stehende Wand des Kastens erhält etwas mehrere Höhe, als die übrigen Wände, damit, wenn der Karrenkasten sehr voll geladen worden ist, beim Aufheben desselben, die Erde nicht nach dem Rade herabrollen könne.

Soll ein gewöhnlicher Arbeiter den geladenen Karren ohne allzugroße Anstrengung fortbringen können, so lassen sich dessen Dimensionen im Lichten gemessen, folgendermaßen bestimmen:

die obere Länge	24	Zoll
die untere Länge	20	=
die vordere obere Breite	22	=
die vordere untere Breite	18	=
die hintere obere Breite	19	=
die hintere untere Breite	15	=
die Tiefe	11	=

Die Seitenbreter, welche zugleich mit zur Anbringung des Rades und zu den Tragbäumen oder Handhaben dienen, erhalten vom Mittelpuncte der Radwelle eine Länge von 2 Ellen 20 Zoll bis 3 Ellen, und in Hinsicht dieser ist noch zu beobachten, daß diese Handhaben nicht in gleicher Linie mit der Oberkante der Seitenwände des Kastens fortlaufen dürfen, sondern daß dieselben, wenn der Karren auf der Erde stehet, gleiche Höhe mit der Höhe der Radwelle erhalten, weil sich dann beim Ausladen der Karren leichter umstürzen läßt.

Das Rad wird aus hartem Holze verfertiget und erhält einen Durchmesser von 18 bis 20 Zoll, auch muß es dem Erdkasten so nahe als möglich gebracht werden.

Das Rad wird der längern Dauer wegen mit einem eisernen Reifen gebunden, und es erhält etwa $\frac{2}{3}$ Zoll starke Wellzapfen, welche in eisernen Krampen laufen.

2) Erd- oder Dünger-Tragen. Oft tritt der Fall ein, daß die Zuförderung des Erdbodens oder Düngers, durch Baukarren wegen bereits auf dem Damme angelegter Aufkastungen wo nicht gänzlich verhindert, doch sehr erschwert wird. In diesem Falle leisten dergleichen Tragen sehr gute Dienste. Sie werden von zwei Arbeitern getragen, und erhalten die Form gewöhnlicher Tragen mit einem Erdkasten versehen. Die Tragearme dürfen jedoch nur so weit von einander abstehen, als erforderlich ist, daß ein Arbeiter zwischen denselben

Raum finden kann. Diese geringe Breite ist nothwendig, damit die leer zurückgehenden Tragen auf dem ohnehin in der Breite beschränkten Damme noch Raum zum Ausweichen behalten. Die Tragearme erhalten, vom Erdkasten ausgemessen, eine Länge von etwa 1 Elle 8 Zoll, und werden, des leichtern Ausschüttens wegen, in der Mitte der Höhe des Erdkastens angebracht. Die Größe des Erdkastens im Lichten kann folgendermaßen bestimmt werden:

die obere Länge	1 Elle	8 Zoll
die untere Länge	1 =	4 =
die obere Breite	1 =	
die untere Breite	.	20 =
die Tiefe		11 =

Man kann diese Tragen auch unten mit vier Füßen versehen, wodurch das Aufheben derselben erleichtert wird.

3) Spaten, zum Ausstechen und Auswerfen der Erde.

Die Spaten sind entweder ganz von Eisen, und erhalten gewöhnlich 7 bis 8 Zoll Breite mit einer ebenfalls eisernen Dülle, in welche ein 1 Elle 16 Zoll langer Stiel von trockenem harten Holze gesteckt und befestiget wird, und der oben einen Griff erhält; oder sie sind von Holz und unten mit Eisen beschlagen. Letztere Art nennt man auch Dammgräberspaten, und sie bestehen aus einer flachen hölzernen Schippe, von festem und trockenem rothbüchenen Holze verfertiget, oben mit einem Handgriffe versehen, und unten mit einem eisernen Schuh beschlagen, der einen doppelten Rand erhält und mittelst der oben an demselben befindlichen Blätter oder Federn, welche Löcher haben, mit eisernen Stiften an die hölzerne Schippe oder Schippen befestiget wird.

4) Eiserne Schaufeln mit hölzernen Stielen, welche eine Länge von 1 Elle 16 bis 20 Zoll erhalten. Diese Schaufeln werden zum Auswerfen der aufgehackten Erde von einer Stelle zur andern und zum Aufladen derselben in die Baukarren, gebraucht.

5) Eiserne Haken, welche an der Schneide gut verstählt seyn müssen, und Stiele von hartem Holze erhalten. Sie werden zum Loshacken harter Erdlagen, oder des gefrornen Erdbodens gebraucht.

6) Handschlägel. Diese dienen zum Einschlagen der Pfähle und werden aus hartem und ästigen rüsternen Holze 6 bis 9 Zoll stark und 14 bis 16 Zoll lang verfertiget. Der Stiel erhält eine Länge von $1\frac{1}{4}$ bis $1\frac{1}{2}$ Elle.

7) Erdhandrammen zum feststampfen der aufgefüllten Erde. Sie bestehen aus einem oben 6 Zoll und unten 10 Zoll im Durchmesser haltenden Klotze von 16 Zoll Länge, der mit einem 2 Ellen langen Stiele versehen ist.

8) Aexte und Beile, vorzüglich zum Behauen der Pfähle.

9) Eiserne Stichlitze oder Pfahleisen, um mittelst derselben, wenn der Erdboden sehr fest,

oder noch Frost in demselben befindlich ist, Löcher in die Erde zu Einschlagung der Pfähle vorstoßen zu können.

10) Dreizackige eiserne Gabeln zum Aufladen und Vertheilen des Düngers.

11) Tragbänder oder Halskaspeln, zum Gebrauche beim Fahren der beladenen Baukarren, oder beim Tragen der Erdtragen.

12) Laternen mit Licht versehen.

Ueberdies werden bei Aufeisungen noch erfordert:

13) Eisäxte. Von diesen werden kürzere und längere gebraucht. Ersterer bedient man sich zum Zertheilen des schwächern Eises, oder bei starkem Eise zum Einhauen von 6 bis 8 Zoll breiter, und 8 bis 12 Zoll tiefer Rinnen, welche Arbeit man gewöhnlich vorschroten nennt; letztere aber, um mit denselben das in den Rinnen noch tiefer stehende Eis völlig durchzuhauen. Ihre Gestalt und Größe ist aus den Fig. 12, 13, 14 und 15. Tab. IV. deutlich zu ersehen.

14) Eisreitel. Sie dienen, das mit den Eisäxten etwa hin und wieder noch nicht ganz durchgehauene Eis vollends durchzustoßen, oder wenn etwa während der Aufeisung wieder Frost eintritt, das in den gehauenen Rinnen neu entstandene Eis zu zertrümmern. Diese Eisreitel erhalten die in Fig. 16 und 17. Tab. IV. dargestellte Form, und einen 3 Ellen 12 bis 18 Zoll langen Stiel.

15) Eissägen, welche mit den sogenannten Schrothsägen Aehnlichkeit haben, und nur in Rück-

sicht der mehrern Stärke des Blattes von denselben verschieden sind. Die Länge des Blattes ist gewöhnlich 3 bis 5 Ellen, doch kann dieselbe Länge nach Beschaffenheit der Eisstärke und der Wassertiefe größer oder geringer angenommen werden, die Breite des Blattes beträgt etwa 6 Zoll. Am obern Ende des Sägeblattes wird an einem eisernen Arme eine Oehse angebracht, durch welche ein ohngefähr 2 Zoll starkes und 1½ Ellen langes Holz gesteckt wird, an welchem der Arbeiter beim Sägen anfaßt; an das untere Ende des Sägeblattes wird aber ein Gewicht, nach Verhältniß der Größe der Säge, von 6 bis 8 Pfund befestiget. Fig. 18 und 19. Tab. IV.

Bei großen Eissägen, welche für einen oder zwei Mann in gehörige Bewegung zu setzen, zu schwer sind, bringt man noch, nach Fig. 20. eine eiserne Stange a b an, welche unten an der Säge angeschweißt, oben aber mit derselben durch den Arm c d verbunden wird, damit an dem, durch die daran befindliche Oehse g, gestecktem Querholze, noch ein, oder zwei Arbeiter angestellt werden können.

16) Eiserne Keile. Diese können oft mit Nutzen beim Abspalten der Eisschollen angewendet werden. Die Länge derselben kann 18 bis 30 Zoll, und die Stärke am Kopf 3 und 4 Zoll betragen. Die unten befindliche, meißelförmige Bahne muß gut verstählet werden. Am obern Ende wird ein Ring angebracht, und an denselben eine Leine befestiget, damit der Keil, wenn das Eis schnell

spaltet und sich abtrennt, nicht in den Strom falle, und verloren gehe.

17) Wuchtbäume, von 4 bis 8 Ellen Länge, und verhältnißmäßiger Stärke.

18) Bootshacken, um damit die losgehauenen Eisschollen fortschieben zu können oder auch um Treibholz von einem Damme abhalten, oder losgerissene und fortschwimmende Faschinen und Pfähle wieder heranholen zu können. Ein dergleichen Bootshacken wird gewöhnlich an einer Stange von 6 Ellen Länge befestiget.

19) Auch bedarf man bei dergleichen Arbeiten eines oder mehrerer kleiner Kähne.

Viertes Capitel.

Von den im Allgemeinen zu treffenden Vorkehrungen.

Erster Abschnitt.

Von Beobachtung des Steigens und Fallens des Wassers in einem fliessenden Gewässer, und den dazu nöthigen Vorrichtungen.

§. 9.

Es ist von wesentlichem Nutzen während des Eisganges, oder einer hohen Stromergießung, von

Zeit zu Zeit Nachrichten über das Ansteigen des Wassers zu erhalten, um hiernach die passendsten Maaßregeln zu Erhaltung der Dämme nehmen zu können.

§. 10.

Die zu diesem Behufe erforderlichen Beobachtungen über das Anwachsen des Wassers lassen sich am zweckmäßigsten an Wasserhöhenmessern (Pegeln) anstellen, die in gewissen Entfernungen von einander errichtet werden.

Lothrecht, und frei an den Ufern und an den äußern Dammböschungen angebrachte Wasserhöhenmesser sind hierzu aber nur selten anwendbar, weil sie der Beschädigung bei Eisgängen zu sehr ausgesetzt sind. Man legt dieselben daher mit weit mehr Sicherheit und Haltbarkeit auf den Doßirungen der Dämme und auf abgeböschten Ufern an.

§. 11.

Die hierbei zu treffende Einrichtung ist folgende. Ein etwa 12 Zoll breites und starkes Stück Eichenholz, abcd Fig. 21. Tab. V. welches vom niedrigsten Wasserstande bis zur obern Kante des abgeböschten Ufers, bei Dämmen aber, vom Fuße des Dammes bis zur Dammkappe hinaufreichen muß, wird auf drei, bei hohen Dämmen oder Ufern aber, auf vier, in die Böschung des Ufers oder Dammes eingerammte Pfähle e, f, g, von 3 bis 4 Ellen Länge, und 6 bis 8 Zoll Stärke aufgezapft.

Dieses Holz erhält auf seiner Oberfläche hi Fig. 22. eine Eintheilung nach Ellen und Zollen, um darnach die verschiedenen Wasserhöhen abnehmen zu können. Da dasselbe aber auf der Ufer- oder Dammböschung eine schräge Lage bekommt, so müssen die darauf aufzutragenden Abtheilungen nach der lothrechten Höhe proportionirt werden, welchen Zweck man am sichersten durch folgende Verfahrungsart erreichen kann.

Man richte am Fuße der Ufer- oder Damm-Böschung bei l Fig. 21. eine Stange kl lothrecht auf, und merke auf derselben die, durch genaue Abwägung ausgemittelte lothrechte Höhe mn der Böschung ml über den niedrigsten Wasserstand xy in o an. Diese aufgefundene Höhe lo messe man nach Ellen und Zollen genau aus, und theile hiernach die schiefliegende Oberfläche des Wasserhöhenmessers da in eben so viele Abtheilungen, als die an der Stange lo bemerkte Höhe der Böschung mn in Ellen und Zollen betrug, wobei man sich der in Fig. 22. in welcher der Wasserhöhenmesser nach der Ansicht von oben dargestellt ist, angegebenen Bezeichnungsart, bedienen kann.

§. 12.

Wollte man den Anfang mit Eintheilung dieser Wasserhöhenmesser jedesmal von dem Fuße des Dammes an, machen, so würde wegen der verschiedenen Terrainhöhen, auf welchen ein Damm erbauet worden ist, nie eine allgemeine und völlig übereinstimmende Angabe von den Wasserhöhen längs der, an einem Strome hin gelegenen Dämme, erhalten werden können, es ist daher nothwendig, bei allen anzulegenden Wasserhöhenmessern einen gemeinschaftlichen festen Punct anzunehmen, von dem aus der Anfang der Eintheilung sämmtlicher Wasserhöhenmesser gemacht, und die Bestimmung der verschiedenen Wasserhöhen angenommen wird.

Zu Festsetzung dieses Punctes kann man entweder den niedrigsten Wasserstand, den der Strom je erreicht hat, oder auch bei schiffbaren Strömen einen Wasserstand annehmen, bei welchem große Schiffe das volle Fahrwasser haben, das heißt, wenn sie, bei völliger Verschiffung, ohne ableichten zu dürfen, fahren können; bei Flüssen aber, welche nicht schiffbar, und an denen Mühlen gelegen sind, kann man einen Wasserstand hierzu festsetzen, der eben mit den Wehrlatten oder dem Kamme der Ueberfallwehre, und bei Durchlaßwehren, mit der Höhe der Schutztafeln, in der Waage stehet. Diesen Punct bezeichnet man auf dem Wasserhöhenmesser mit 0, und die Wasserstände, welche niedriger als derselbe sind, werden bei der Abnahme der Wasserhöhen mit unter Null, die aber höher sind, mit über Null bemerkt.

Von der Höhe dieses angenommenen Wasserstandes muß dann bis zum Fuße des Dammes, wo der Wassermesser errichtet werden soll, gewogen werden, um die Maaße und Zahlen auf den Wassermesser, mit Berücksichtigung der dadurch über den

Nullpunct gefundenen Höhe, richtig auftragen und anschreiben zu können.

Beträgt z. B. die Höhe des Ufers von dem Wasserstande x y. Fig. 23. Tab. I. von dem zu zählen angefangen werden soll, oder von dem für Null angenommenen Puncte bis zur obern Uferkante a, 6 Ellen 6 Zoll, so wird, nachdem von der Uferkante a bis zum Fuße des Dammes eine horizontal Linie ab genau abgewogen worden ist, an dem Puncte b, wo diese Horizontale auf den Wassermesser trift, eben die Zahl angeschrieben, welche man bei der Uferkante a gefunden hatte, nämlich in dem hier angenommenen Beispiele 6 Ellen 6 Zoll, und dann die Anschreibung der Höhen von dieser Zahl an, nach der Dammkappe hinauf fortgesetzt.

Steigt aber das Terrain von dem Ufer an bis zum Fuße des Dammes, so muß von dem niedrigsten Puncte am Fuße des Dammes c Fig. 24. bis zur Uferkante e hin, eine Horizontale cd abgewogen, und dadurch die Höhe de ausgemittelt werden, um welche der Fuß c des Dammes höher, als die Uferkante e liegt. Diese Höhe wird dann zur Höhe, welche das Ufer über Null hat, addiret, und von dieser dadurch erhaltenen Höhenbestimmung, an dem Wasserhöhenmesser vom Fuße des Dammes c aus, bis zur Kappe desselben hinauf, zu zählen fortgefahren. Betrüge z. B. die Höhe des Ufers über Null 5 Ellen 12 Zoll, die Höhe de aber 18 Zoll, so würde man bei Bezeichnung der Maaße auf dem am Damme angebrachten Wasserhöhenmesser bei c von 6 Ellen 6 Zoll an zu zählen anfangen müssen.

§. 13.

Der niedrigste Punct, von dem zu zählen angefangen wird, oder Null, muß bei sämmtlichen, an einem Strome angelegten Wasserhöhenmessern, mit genauer Berücksichtigung des Stromgefälles, in verhältnißmäßiger Höhe bestimmt werden, weil widrigen Falls bei der Bestimmung von den Wasserhöhen an verschiedenen Orten kein richtiges Resultat erhalten werden kann.

Die Ausmittlung dieser Puncte, von denen an den Wasserhöhenmessern zu zählen angefangen werden soll, durch ein Nivellement ist nicht nur sehr schwierig, sondern auch nicht ganz zuverläßig, theils weil die Wasserstände während der Zeit, die zum Nivellement erforderlich ist, zu oft abwechseln, als daß an allen den Stellen, wo Wasserhöhenmesser angelegt werden sollen, richtige Anbindungspuncte erhalten werden könnten, theils und hauptsächlich, weil in einem Strome wegen der, in demselben vorkommenden starken Krümmungen der Strombahn, unverhältnißmäßiger Strombreiten, oder Stromengen, Untiefen, Einbaue, und Brücken, — alles Dinge, die den gleichmäßigen Abfluß des Wassers alteriren — ein durchaus gleichförmiges Gefälle gar nicht vorhanden ist. Weit sicherer und zuverläßiger läßt sich die verhältnißmäßige Höhe der

Stromhöhenmesser durch ordentliche Beobachtungen und folgende Verfahrungsart erhalten.

Man errichtet an den Stellen, wo Wasserhöhenmesser angelegt werden sollen, interimistische Pegel und beobachtet an denselben, wenn der Strom den als Null anzunehmenden Wasserstand ohngefähr erreicht hat, oder sich ihm wenigstens nähert und dabei in Beharrungsstand gekommen ist, was sich daraus abnehmen läßt, wenn er in einem Zeitraume von mehrern Tagen in gleicher Höhe sich erhält, den Stand des Wassers.

Wenn nun derselbe, so wie diese gleichförmige Wasserhöhe nach und nach stromabwärts eintritt, an den interimistischen Wassermessern genau bemerkt wird, so erhält man den gesuchten Punct, von dem aus bei jedem Wasserhöhenmesser der Anfang mit dem Auftragen der Eintheilung gemacht werden muß, und alle die, auf diese Art an den Wassermessern erhaltene Nullpuncte werden dann in gehörigem Verhältnisse mit dem Stromgefälle stehen, und daher ein richtiges Anhalten bei den Beobachtungen geben.

§. 14.

Damit das Holz abcd Fig. 21. oder hi Fig. 22. auf welchem zum Behuf der Beobachtung der Wasserhöhen, die Eintheilung aufgetragen worden ist, vom Treibeise nicht so leicht beschädiget werden könne, ist ès rathsam, oberhalb desselben oder stromaufwärts und unmittelbar neben demselben eine

Reihe Steine p q Fig. 21 und 22. vorzulegen, welche etwa 3 Zoll über die Oberfläche jenes Holzes hervorragen müssen. Um aber zum Behuf der Beobachtung der Wasserhöhen bequem, und wenn bei nasser Witterung die Böschung schlüpfrig ist, ohne Gefahr herabsteigen zu können, dient eine unterhalb des Wasserhöhenmessers, oder stromabwärts angelegte steinerne Treppe r s Fig. 21 und 22. Diese Vorrichtungen müssen bei lockerm Boden, einen hinreichend festen Grund erhalten.

Zweiter Abschnitt.

Von den Einrichtungen zu schneller Mittheilung von Nachrichten an die Uferbewohner, von den sich während einer Stromergießung oder des Eisganges ereignenden Vorfällen.

§. 15.

Mehrere Ereignisse haben auf die Veranstaltungen, welche zu Erhaltung der Dämme nothwendig werden, einen bedeutenden Einfluß, und es muß daher den Uferbewohnern ungemein viel daran gelegen seyn, von deren Eintritt so schnell als möglich Nachricht zu erhalten, um darnach ihre Maßregeln nehmen zu können.

Zu diesen Ereignissen sind vorzüglich zu zählen:

1) Der Eisaufbruch in den obern Stromgegenden.

2) Der nach und nach erfolgende Aufbruch des Eises stromabwärts, oder an einzelnen Stellen.

3) Die Entstehung von Eisstopfungen.

4) Der wieder erfolgende Fortgang eines Eisschutzes.

5) Der Eintritt von schnellem und anhaltendem Wasserwuchse, und

6) die Entstehung von Dammbrüchen.

§. 16.

Wenn der Aufbruch des Eises in den obern Stromgegenden erfolgt, so ist zu erwarten, daß dieser nun auch wahrscheinlich bald in den untern Stromgegenden eintreten werde, und es wird daher nothwendig, den Strom von diesem Zeitpuncte an, genau zu beobachten, und dafür besorgt zu seyn, daß alle nöthige Vorkehrungen ungesäumt getroffen werden. Hieraus ergiebt sich die Nothwendigkeit, diese Nachricht allen am Strome weiter unterhalb gelegenen Ortschaften baldigst mitzutheilen.

§. 17.

Die Anzeige von dem Aufbruche des Eises, so wie derselbe nach und nach stromabwärts erfolgt, ist ebenfalls für die zunächst unterhalb gelegenen Gegenden, in welchen sich Dämme befinden, von Nutzen, indem dadurch die Aufmerksamkeit auf Erhaltung der Dämme vom neuen erregt wird.

Zuweilen ereignet sich aber auch der Fall, daß der Aufbruch des Eises in den obern Stromgegenden nicht zuerst erfolgt, sondern das Eis weiter unterhalb zum Aufbruch und Fortgang kommt.

In diesem Falle wird es besonders nothwendig, die unterhalb dieser Stelle liegenden Gegenden von diesem Ereignisse zu benachrichtigen, um sofort alle, zu Erhaltung der Dämme erforderlichen Vorkehrungen veranstalten zu können.

§. 18.

Wenn der freie Abfluß des Wassers im Strombette durch die Entstehung eines Eisschutzes gehemmt wird, so entstehet oberhalb desselben eine oft sehr hoch ansteigende, und schnell eintretende Anschwellung des Wassers, die nicht selten so bedeutend wird, daß sie alle, in einiger Entfernung oberhalb des Eisschutzes befindliche Dämme zu übersteigen drohet. Es ist daher sehr nöthig, die oberhalb der Stelle, wo ein Eisschutz entstanden ist, gelegene Gegend, und zwar so weit stromaufwärts, als nach der örtlichen Beschaffenheit der, durch den Eisschutz verursachte Aufstau des Wassers, sich erstrecken kann, von diesem Ereignisse unverzüglich in Kenntniß zu setzen, damit daselbst mit größter Thätigkeit alle, zu Erhöhung der Dämme erforderlichen Veranstaltungen ungesäumt getroffen, und dadurch dem Ueberschlagen des Wassers über die Dämme in Zeiten vorgebeugt werden könne, weil die Erhaltung eines Dammes, wenn einmal ein starker und anhaltender Ueberfall des Wassers über denselben erfolgt, nur sehr selten möglich ist.

§. 19.

Der wieder erfolgende Fortgang eines Eisschutzes kann aber für die unterhalb desselben gelegenen Dämme sehr nachtheilig werden, weil sich dann die durch den Eisschutz zurückgehaltene Wassermasse auf einmal nach denselben ergießt, und dadurch für diese Dämme oft sehr Gefahr bringend werden kann. In dieser Hinsicht wird erforderlich, den unterhalb eines Eisschutzes gelegenen Gegenden von dem Fortgange desselben Nachricht mitzutheilen, damit sie nicht verabsäumen, bei dem dann oft schnell und unerwartet hoch ansteigendem Wasser, alles zu Abwendung der Gefahr Erforderliche, ins Werk zu setzen.

§. 20.

Eben so nothwendig ist es aber auch dann, wenn in den obern Stromgegenden ein schneller, und hoch ansteigender Anwuchs des Wassers erfolgt, den stromabwärts gelegenen Gegenden davon ungesäumt Nachricht zu ertheilen, damit die nöthigen Veranstaltungen gegen das Ueberschlagen des Wassers über die Dämme in Zeiten getroffen werden können.

§. 21.

In einigen Fällen kann es auch, bei entstehenden Dammbrüchen, nach den örtlichen Verhältnissen von großem Nutzen seyn, wenn den Bewohnern aller der Ortschaften, welche von dem, durch den Dammbruch einströmenden Wasser überschwemmt werden können, so schleunig als möglich Nachricht von dem entstandenen Dammbruche mitgetheilt wird, damit sie in Zeiten Anstalt zu ihrer Rettung, so wie auch zu Sicherung ihres Viehes und ihrer Effecten, treffen können.

§. 22.

Sobald es daher bei anhaltendem Thauwetter wahrscheinlich wird, daß das Brechen der Eisdecke eines Stromes nach Verfluß eines kurzen Zeitraumes erfolgen, oder das Wasser bis zu einer Höhe ansteigen werde, die denen Dämmen in den untern Stromgegenden Gefahr bringen kann, so müssen die zu Beobachtung des Eis- und Wasserstandes bestimmten Personen unverzüglich angestellt, und die zu schneller Mittheilung von Nachrichten an die Uferbewohner, dienenden Einrichtungen getroffen werden, denen von den Ereignissen, welche bei denen Veranstaltungen zu Erhaltung der Dämme zu berücksichtigen sind, in Zeiten Nachricht mittheilen zu können. Denn von dem zeitig genug erfolgenden Eintreffen dieser Nachrichten an dem Orte ihrer Bestimmung hängt oft die Erhaltung der Dämme, und die Abwendung der Verwüstungen ab, welchen die dem Strome anliegenden Gegenden, oft in weiter Ausdehnung durch Ueberschwemmung ausgesetzt sind.

§. 23.

Eben so wichtig und nützlich ist aber auch die Mittheilung von dem Eintritte einer sich im Frühjahre, Sommer oder Herbste ereignenden Ergießung des Stromes, welche die Ufer übersteigt, an die untern Stromgegenden, weil dann nicht nur die Zusetzung der Dammschleusen nöthig wird, um das innerhalb der Dämme liegende Land gegen Ueberschwemmung zu sichern, sondern auch damit der Ertrag der auf außerhalb der Dämme befindlichen Grundstücken an Gras, Heu und Feldfrüchten in Sicherheit gebracht, so auch das Fortschwemmen von Hölzern, die an niedrig gelegenen Ufern aufgesetzt und gelagert sind, verhütet werden könne.

Es ist aber weit schwieriger, dergleichen Stromergießungen zu beobachten, als diejenigen, die sich beim Aufbruche des Eises ereignen, denn diese kann man mit ziemlicher Wahrscheinlichkeit vorher sehen, jene aber treten oft schnell und unvermuthet durch anhaltenden starken Gewitterregen, oder Wolkenbrüche ein, welche in den höher gelegenen Stromgegenden gefallen sind, während in den niedern Stromgegenden oft das schönste Wetter ist, oder nur unbedeutender Regen fällt. Um so wichtiger aber ist es, auch für solche Fälle zweckmäßige Vorkehrungen zu treffen, um die Nachricht von einem, in den obern Stromgegenden eintretenden hohen Wasserstande möglichst schnell, und mit der zu Erreichung des beabsichteten Zweckes erforderlichen Zuverläßigkeit, an die unterhalb gelegenen Gegenden mittheilen zu können.

§. 24.

Was die Wahl der Mittel betrifft, die zu möglichst schneller Mittheilung von Nachrichten an die stromabwärts gelegenen Gegenden dienen, so lassen sich mehrere zu Erreichung dieses Zweckes anwenden, indem die Mittheilung derselben am schnellsten durch das Gesicht, nächstdem durch das Gehör, endlich aber bei weitem langsamer durch schriftliche, von Ort zu Ort zu befördernde Anzeigen, möglich ist.

§. 25.

Unbezweifelt läßt sich wohl die Mittheilung von Nachrichten durch Signale für das Gesicht am schnellsten und bestimmtesten erhalten, in so fern nur die dazu erforderlichen Veranstaltungen vollständig und ausreichend getroffen werden.

§. 26.

Eine telegraphische Anstalt würde hierzu am vorzüglichsten seyn, in so fern der, zu Errichtung derselben, und zu Anstellung des dabei benöthigten Personales, erforderliche Kostenaufwand nicht als zu diesem Zwecke zu kostspielig erachtet wird.

§. 27.

Eine Signalisirung für das Gesicht würde sich aber auch auf eine ähnliche Art am Tage durch Aufziehung von Flaggen oder ausgespannten Tüchern von verschiedenen Farben, und des Nachts durch Aufhängung von Laternen, um dadurch die im §. 15. angegebenen Ereignisse zu bezeichnen, einrichten lassen.

§. 28.

Sollen aber bei einer dergleichen telegraphischen Einrichtung die Nachrichten nicht nur schnell, sondern auch ohne irgend eine Verwechselung fortgegeben werden können, so ist folgendes dabei zu berücksichtigen, nämlich:

1) Die Beobachtungsposten dürfen nur in solchen Entfernungen von einander errichtet werden, daß auch bei eintretender trüber Witterung die ausgehängten Signale von dem zu nächst gelegenem Posten bei der Beobachtung deutlich unterschieden werden können.

Werden den Beobachtern Perspective zum Gebrauch gegeben, so lassen sich die Beobachtungsposten in größerer Entfernung von einander errichten.

Ueber die zu wählenden Entfernungen lassen sich im Allgemeinen keine nähern Bestimmungen geben, sie werden sich vielmehr nach der Beschaffenheit der Gegend, in welcher die Signalposten zu errichten sind, am zuverläßigsten durch Beobachtungen, welche dieserhalb sowohl bei Tage, als auch bei Nacht, und eben so auch bei trüber Witterung anzustellen sind, ausmitteln lassen.

2) Können diese Signalposten auf Anhöhen errichtet werden, so lassen sich die Signale in einer größern Entfernung wahrnehmen und unterscheiden. Ist dieß nicht der Fall, so wird es wenigstens rathsam seyn, erhöhete Standpuncte in Form einfacher Gerüste, von denen aus die Signale gegeben werden können, zu errichten, zugleich ist auch bei

jedem Signalposten eine Vorrichtung zu treffen nöthig, daß die zur Beobachtung angestellten Personen bei ungünstiger Witterung ein Unterkommen finden können.

Diese Gerüste sind übrigens so einzurichten, daß sie sich, wenn deren Gebrauch nicht mehr nöthig ist, aus einander nehmen lassen, um sie, zu besserer Erhaltung des Holzes, in Schuppen zu fernerm Gebrauche aufbewahren zu können.

3) Die Directionslinie vor- und rückwärts, nach welcher hin die Beobachtung geschehen muß, ist zu bezeichnen, damit der Ort des nächsten Signalpostens leicht und schnell aufgefunden werden könne. Zwei kleine Kegel, die auf einem unverrückbar fest liegendem Brete, in der Richtungslinie befestiget sind, können zu diesem Behufe dienen, indem über deren Spitzen visiret wird.

4) Bei jedem Signalposten sind zwei Personen zur Beobachtung anzustellen, weil eine Person dies Geschäft auf längere Zeit bei Tag und Nacht zu besorgen nicht im Stande ist. Diese beiden Personen müssen einander bei denen Beobachtungen in gewissen Zeitfristen, z. B. binnen 4 bis 6 Stunden, ablösen, wobei jedoch der Abgelösete, wenn Signale zu geben sind, ebenfalls mit Handreichung leisten kann.

Die Beobachtung muß ferner in kurzen Zeiträumen, z. B. längstens aller 10 Minuten, nach einander erfolgen, damit wenn auf dem nächsten Signalposten ein Signal gegeben wird, dessen Fortgebung möglichst schnell erfolge.

5) Anfänglich geschiehet die Beobachtung nur nach dem stromaufwärts liegenden Signalposten, kommt aber das Eis in Bewegung, so wird es nothwendig, auch den nächst stromabwärts befindlichen Signalposten zu beobachten, um Signale, die von dort aus bei Entstehung eines Eisschutzes gegeben werden, bemerken zu können.

6) Jedes Signal muß so lange aufgestellt bleiben, bis der zunächst liegende Signalposten, welcher das Signal weiter zu geben hat, dasselbe ebenfalls richtig aufgestellt hat.

7) Bei der Signalisirung von einem entstandenem Eisschutze, ist vorher festzusetzen, wie weit das Signal jeden Orts stromaufwärts fortgegeben werden soll.

8) Jeder Signalposten ist mit einer besondern Nummer zu bezeichnen, damit diese Nummer bei dem, wegen Eintritt der unter No. 2, 3, 4 und 6. §. 15. bemerkten Ereignisse, zu gebendem Signale, diese, zu Bezeichnung des Ortes, wo sich das Ereigniß zugetragen hat, mit bemerkt werden könne.

9) Für jeden Signalposten ist ein gewisser Strombezirk zu bestimmen, und dessen Ausdehnung bekannt zu machen, damit theils aus diesem Bezirke alle Meldungen, auf welche Signale zu geben sind, an den dasigen Signalposten gelangen können, theils auch, wenn einem Signale die Nummer eines Bezirks, wo sich ein Ereigniß zugetragen hat, beigefügt wird, beurtheilen zu können, in welcher Gegend es statt gefunden hat.

10) Wegen der Meldungen von Ereignissen, welche zu signalisiren sind, ist jedoch, um die Verbreitung unrichtiger Nachrichten zu verhüten, festzusetzen, daß nicht Jedermann befugt sey, dergleichen Anzeigen an den Signalposten zu erstatten, sondern das Signal nur dann gegeben werden solle, wenn die Meldung von einer im Bezirke liegenden Dammwache, ingleichen von einer andern hierzu beauftragten, oder doch wenigstens von einem, den beim Signalposten angestellten Personen, als völlig zuverläßig bekannten Manne erfolgt. Es ist daher nothwendig, zu diesem Behufe sachverständige Personen zu Beobachtung der Ereignisse an dem Strome anzustellen, und mit der erforderlichen Instruction zu versehen.

11) Die bei einem Signalposten angestellten Personen haben, sobald sie von dem nächsten Signalposten ein Signal erhalten, die Bedeutung desselben der nächsten Dammwache, oder wenn keine in der Nähe vorhanden seyn sollte, der nächsten Ortschaft mitzutheilen, von wo aus die Verbreitung der Nachricht an diejenigen, welche innerhalb des Bezirkes dabei ein Interesse haben, unverzüglich erfolgen muß.

Nach der örtlichen Beschaffenheit jeder Gegend wird sich vorher eine bestimmte Anweisung ertheilen lassen, in welcher Art, und an wen die durch Signale erhaltenen Nachrichten auf dem kürzesten Wege, und am zuverläßigsten gegeben werden soll.

12) Damit aber eine Verwechselung von der Bedeutung der Signale, und die Verbreitung unrichtiger Nachrichten verhütet werde, so ist jedem

Signalposten ein Signalbuch einzuhändigen, in welchem alle vorkommende Signale genau eingetragen und bezeichnet, auch deren Bedeutung zugleich mit angegeben seyn muß.

§. 29.

Daß eine Einrichtung, durch welche mittelst Signals für das Gesicht, die schnelle Mittheilung von Nachrichten erhalten werden kann, sowohl wegen Anschaffung und Unterhaltung der dazu erforderlichen Geräthschaften, als auch wegen Löhnung der zur Beobachtung angestellten Personen einen nicht geringen Aufwand erfordere, ist zwar nicht zu verkennen, dagegen aber auch nicht in Abrede zu stellen, daß, wenn die Signalposten nicht, um eine am unrechten Orte angebrachte Ersparniß zu machen, zu entfernt von einander angelegt, und zuverläßige Beobachter angestellt werden, die mitzutheilenden Nachrichten sich nicht nur sehr schnell und zuverläßig verbreiten, sondern sich auch dabei die verschiedenartigen Ereignisse, und der Ort, wo sie sich zugetragen haben, mit aller Genauigkeit, so weit sie hier wünschenswerth seyn kann, angeben lassen.

§. 30.

In dem Anhange sub A. sind nähere Vorschläge über eine solche Signalisirung durch Flaggen, oder farbige Tücher, und Laternen, so wie auch zu Einrichtung der Signalbücher, enthalten, wobei nicht unbemerkt gelassen werden darf, wie diesen Vorschlägen sich allerdings der Vorwurf machen läßt, daß die Kosten ihrer Ausführung nicht im Verhältniß mit den davon zu erwartenden Vortheilen stehen möchten, zumal da doch die ganze Signalisirung sich einzig auf die Zeit der regelmäßigen Hochgewässer im Frühjahre und den Eisbruch beschränkt. Auch ist man weit entfernt, zu deren Ausführung in dieser Art im Allgemeinen zu rathen. Nur so viel scheint ausgemacht zu seyn, daß, wenn man die Ertheilung regelmäßiger und sicherer Nachrichten aus den obern Stromgegenden beabsichtiget, solche nur durch eine, auf die angezeigte Art organisirte Signalskette mit Sicherheit und zweckmäßig erlangt werden kann, indem die Erfahrung die Unzulänglichkeit jeder andern Art von Benachrichtigung hinlänglich dargethan hat. Uebrigens verstehet es sich von selbst, daß nicht alle Nachrichten für jede der tiefer liegenden Stationen ein gleiches Interesse haben, auch darüber, welche Nachrichten und wie weit sie fortzugeben sind, besondere Instructionen gegeben werden müssen, um besonders in den untern Stromgegenden die Signale nicht allzusehr zu häufen, was sich allezeit nach der Localität richten muß und daher keiner allgemeinen Bestimmung unterliegt.

§. 31.

Zu Signalen für das Gesicht können auch Racketen, Fannale, und angezündete Feuer angewendet werden.

Zur Nachtzeit können diese Signale wohl mit Nutzen gebraucht werden, wenn bei der kurzen Dauer der beiden erstern die Beobachtung bei den

Signalposten oft genug angestellt wird, am Tage dürften sie aber weniger anwendbar seyn, weil der Knall, den die Rackete giebt, auf bedeutende Entfernungen, besonders bei niedrigem Winde, nicht immer deutlich genug möchte gehört werden können, der Rauch aber, der bei den letztern beiden Arten am Tage sichtbar ist, zu unbedeutend seyn möchte, als daß er sich, besonders bei stürmischer Witterung, sollte deutlich wahrnehmen lassen.

§. 32.

Bei der Signalisirung für das Gehör, nämlich zu Mittheilung von Nachrichten durch den Schall, würde sich durch Aufstellung von Signalkanons die möglichst schnelle Beförderung der mitzutheilenden Nachrichten erhalten lassen, wenn sich nicht aus denen, bei Anwendung dieser Maaßregel, gemachten Erfahrungen ergeben hätte, daß sich dadurch, wegen mehrerer zufälliger Ereignisse, wenigstens bestimmte Nachrichten nicht mit Zuverläßigkeit und ohne zu Irrungen Veranlassung zu geben, mittheilen lassen, und daß die Anwendung dieses Mittels nur dazu dienen kann, die Uferbewohner auf den in den obern Stromgegenden erfolgten Aufbruch des Eises, oder auf einen schnell eintretenden Wasserwuchs aufmerksam zu machen, damit sie die Vorkehrungen, welche zu Erhaltung der Dämme nothwendig sind, ungesäumt veranstalten können.

§. 33.

Mit Berücksichtigung der im §. 15. angegebenen Ereignisse lassen sich die Signale für das Gehör, mittelst Kanons auf verschiedene Art einrichten, und folgendes mag hier als ein Beispiel dienen. Nämlich

1) der erste Aufbruch des Eises in den obern Stromgegenden wird denen stromabwärts gelegenen Gegenden von dem ersten Signalposten durch drei Schuß, in nicht allzulangen, aber gleich großen Zeiträumen, hintereinander z. B. von drei zu drei Minuten, bekannt gemacht.

Dieses Signal wird von Station zu Station stromabwärts in gleicher Art mit drei Schuß, mit Vermeidung alles Zeitverlustes weiter gegeben.

2) Bei dem hierauf erfolgendem Aufbruche des Eises in dem Bezirke eines jeden Signalpostens giebt das daselbst aufgestellte Kanon zwei Schuß in einem kurzen Zeitraume hinter einander, und der nächste Signalposten stromabwärts, antwortet durch einen Schuß.

Bei diesem Signale ist jedoch darauf zu sehen, daß dasselbe nicht etwa bei einem unbedeutenden Zusammenrücken des Eises an einer Stelle, sondern erst dann gegeben werde, wenn das Eis im völligem Gange ist, und auch nach Verfluß einiger Zeit, darinnen bleibt.

3) Kommt das Eis in dem Bezirke eines Signalpostens eher zum Aufbruch, als in den obern Stromgegenden, wo die Signalisirung ihren Anfang nimmt, wie dieß zuweilen der Fall ist, so hat der Signalposten, wo sich dieß ereignet, das unter No. 2. bemerkte Signal, und der darauf folgende Signalposten die Antwort darauf zu geben.

Erfolgt dann späterhin das Signal No. 1. welches den Aufbruch des Eises in den obern Stromgegenden bezeichnet, so ist dieses demohnerachtet auf jedem unterhalb gelegenen Signalposten fortzugeben.

4) Bei Entstehung eines bedeutenden Eisschutzes giebt das Kanon, in dessen Bezirk sich dieß Ereigniß zuträgt, vier Schuß, in einem so kurzen Zeitraume hinter einander, als es thunlich ist. Das zunächst stromaufwärts aufgestellte Kanon beantwortet dieses Signal ebenfalls mit vier Schuß, doch werden diese, damit der oberhalb gelegene Signalposten unterscheiden könne, daß der Eisschutz nicht unmittelbar in dem Bezirke des zunächst unterhalb befindlichen Signalpostens entstanden sey, in gleich großen Zeiträumen von drei Minuten hinter einander gethan.

5) Der wieder erfolgende Aufbruch und Fortgang eines Eisschutzes wird durch fünf, so schnell als möglich auf einander folgende Schuß bekannt gemacht.

Dieses Signal ist, in so fern das Eis nicht unterdessen, wie dieß sich oft ereignet, wieder zum Stillstehen kommt, nach Verlauf einer viertel Stunde zu wiederholen.

Bei Annäherung des Schutzeises bei dem nächstfolgenden Signalposten wird das Signal No. 2, wie beim Aufbruche des Eises in dem Bezirke einer Station mit zwei Schuß gegeben, und von dem nächst unterhalb liegenden Signalposten mit einem Schusse beantwortet.

Eben so wird auf allen folgenden Signalposten, wenn das Schutzeis dort eintrifft, verfahren.

6) Der Eintritt eines ungewöhnlich hohen Wasserstandes, welcher anhaltend fortdauert, wird durch zwei Schuß, doch nicht schnell hinter einander, wie unter No. 2, sondern in einem Zeitraume von drei Minuten, angekündiget, und dieses Signal von allen stromabwärts gelegenen Signalposten mit zwei Schuß in eben der Art, fortgegeben.

Es ist nicht so leicht zu besorgen, daß dieses Signal mit dem unter No. 2. vorgeschriebenen, wegen der gleichen Anzahl der Schüsse, verwechselt werden könne, weil, wenn auch die Verschiedenheit des Zeitraumes, in dem sie gegeben werden sollen, nicht einmal in Betracht gezogen wird, doch der Eintritt eines ungewöhnlich hohen Wasserstandes bei Eisgängen nur erst dann erfolgt, wenn der Aufbruch des Eises bereits erfolgt ist.

7) Im Allgemeinen ist überdieß noch die Anordnung zu treffen nothwendig, daß, in so fern die vorgeschriebenen Antworten von dem nächsten Signalposten nicht erfolgt, und daher angenommen werden muß, daß das Signal von demselben nicht wahrgenommen worden sey, dasselbe aller viertel Stunden so lange wiederholt werde, bis die Antwort erfolgt.

Sollte aber die Antwort bereits gegeben, von dem Signalposten aber, welcher das Signal gegeben hat, nicht gehöret worden seyn, so ist die Antwort demohnerachtet zu wiederholen.

§. 34.

Die nähere Bestimmung, wo sich irgend ein Ereigniß zugetragen hat, läßt sich nicht füglich, so wie dieß bei einer telegraphischen Signalisirung geschehen konnte, bei der Signalisirung mit Kanons, mittheilen, weil zu Erreichung dieser Absicht die Signals zu sehr würden vervielfältiget werden müssen, so daß sich dadurch leicht Irrungen ergeben könnten.

§. 35.

Bei Mittheilung der oben angegebenen Nachrichten durch Signalschüsse ist aber unumgänglich nothwendig, die Kanons in nicht allzugroßen Entfernungen von einander aufzustellen, und darauf Rücksicht zu nehmen, daß die Kanons nicht von zu geringem Kaliber genommen werden, auch daß die Pulverladung an Gewicht, wenigstens die halbe Kugelschwere erhalte, weil sonst entweder die gegebenen Signals gar nicht von dem nächsten Signalposten gehört oder doch nicht deutlich von einander unterschieden werden können. Im erstern Falle muß dann nothwendig eine Unterbrechung bei der Fortgabe der Signals eintreten, im letztern Falle aber wird zu Mißverständnissen und zu Verbreitung unrichtiger Nachrichten Veranlassung gegeben.

Denn wenn auch unter günstigen Umständen ein Kanonschuß in einer sehr großen Entfernung gehört werden kann, so muß bei dem Gebrauche der Kanonen zur Signalisirung bei Eisgängen doch in Erwägung gezogen werden, daß bei entgegenstehendem Winde die weite Verbreitung des Schalles sehr vermindert wird. Dieses Ereigniß tritt aber oft beim Aufbruch des Eises ein, und mehrentheils wehet dann ein Wind, der stromaufwärts stehet, wie dieß z. B. am Elbstrome zu dieser Zeit der Fall gewöhnlich ist, so daß die in den obern Stromgegenden gegebenen Signalschüsse nicht deutlich gehört werden können.

Ueberdieß trägt auch noch das mit dem Aufbruche und Fortgange des Eises verbundene starke Geräusch und die auf den im Winterlager sich befindenden Schiffen und Schiffmühlen zu dieser Zeit vorfallenden, ebenfalls mit vielem Geräusche, verbundenen Arbeiten viel dazu bei, daß die Signalschüsse oft gar nicht oder doch nur sehr unbestimmt gehört werden.

Zuweilen ereignet es sich wohl auch, daß bei stromabwärts stehendem Winde, ein Signal, welches auf einem Signalposten, welcher mehrere Stationen oberhalb eines andern Signalpostens befindlich ist, gehört wird, als von dem nächst oberhalb gelegenen Signalposten gegeben, angenommen, und dann von letzterm weiter gegeben wird. Auch hierdurch muß nothwendig Unordnung in der Benachrichtigung verursacht werden.

§. 36.

Die Unvollkommenheiten, welche, wie auch bisherige Erfahrungen dargethan haben, bei der Signalisirung durch Kanonschüsse statt finden, dürften sich wohl nur dann beseitigen lassen, wenn die Aufstellung der Signalkanons so angeordnet werden kann, daß die dabei kommandirte Mannschaft sich einander gegenseitig von einem Posten zum andern wahrnehmen, und unter dieser Voraussetzung sich auf ein zu gebendes Signal aufmerksam machen kann.

Läßt sich nun nach der örtlichen Beschaffenheit diese Einrichtung treffen, so ist, wenn ein Signal gegeben werden soll, zuvörderst bei Tage eine Fahne, oder irgend ein anderes, aus der Entfernung leicht wahrzunehmendes Zeichen, aufzustecken, bei Nacht aber ein Fannal oder eine Pechpfanne anzuzünden, oder es sind einige Racketen steigen zu lassen, damit der folgende Signalposten dadurch aufmerksam gemacht werde, daß ein Signal von dem ihm zunächst gelegenen Posten gegeben werden solle.

Sobald der nächste Signalposten, welcher das Signal fortzugeben hat, dieses Zeichen bemerkt, so hat er solches sofort in gleicher Art zu erwiedern, um anzuzeigen, daß er auf das zu gebende Signal aufmerksam sey.

Wird aber von dem Signalposten, welcher das Signal zu geben hat, wahrgenommen, daß die Erwiederung des Zeichens nicht erfolgt, so hat er einen Schuß zu thun, und das Zeichen zu wiederholen, auch hierauf, in so fern das Zeichen von der nächsten Station immer noch nicht gegeben werden sollte, aller viertel Stunden den Schuß und das Zeichen so lange zu wiederholen, bis die

Antwort erfolgt, worauf dann die Signalschüsse zu geben sind.

§. 37.

Aus obigem ergiebt sich, daß bei der Signalisirung durch Kanonschüsse ebenfalls eine genaue und stete Aufmerksamkeit auf die zu gebenden Signals, unerläßlich nothwendig ist.

Für die bei den Kanons kommandirte Mannschaft würde es aber, in so fern dieselbe nicht zahlreich ist, sondern nur aus einem Unterofficier und drei Mann, als der zur Bedienung des Kanons allenfalls hinreichenden Zahl, bestehet, zu beschwerlich fallen, wenn sich dieselbe auf längere Zeit der Beobachtung der Signals zugleich mit unterziehen sollte.

Zu Beobachtung der Signale Landleute, aus denen nah gelegenen Ortschaften aufzubieten, dürfte nicht rathsam seyn, indem die Erfahrung bewiesen hat, daß dadurch der beabsichtete Zweck nur sehr unvollkommen erreicht, und bei dieser Einrichtung manches Signal nicht beobachtet, oder auch zu Mißverständnissen Veranlassung gegeben worden ist.

Zu genauer Unterscheidung der Signalschüsse wird nämlich mehr Uebung und Aufmerksamkeit erfordert, als bei einem Landmanne gewöhnlich vorauszusetzen ist, zumal da derselbe, wenn er zu dieser Wache angestellt wird, oft schon durch andere Arbeiten so ermüdet ist, daß er diesen Dienst nicht mit der erforderlichen Wachsamkeit und Aufmerksamkeit verrichten kann. Hierzu kommt noch, daß zu diesen Wachen mehrentheils solche Individuen von den Damminteressenten gestellt werden, welche entweder nur ein sehr entferntes oder oft auch wohl gar kein Interesse an der Sache nehmen, und diese Wachen daher als eine ihnen aufgebürdete Last betrachten, die sie nur mit Widerwillen, und daher mehrentheils sehr sorglos verrichten.

Lassen sie sich nun ein Versehen, das oft nachtheilige Folgen haben kann, zu Schulden kommen, so kann der Landmann nicht füglich für eine dergleichen Unachtsamkeit so streng bestraft werden, wie dieß im Fall einer begangenen Vernachläßigung im Dienst beim Militair geschiehet.

Da nun aber die größte Aufmerksamkeit auf die Signals erforderlich ist, wenn durch dieselben der beabsichtete Zweck wirklich erreicht werden soll, so wird es nothwendig, daß zu diesen Wachen eine, zu oft genug erfolgender Ablößung, hinreichende Anzahl Militairs kommandirt wird.

§. 38.

Wird nun, mit Berücksichtigung obiger Bemerkungen die Signalisirung durch Kanonenschüsse so eingerichtet, daß die Mittheilung der zu gebenden Nachrichten schnell und mit Zuverläßigkeit erfolgen könne, so gewährt diese Verfahrungsart den Vortheil, daß von dem Signalposten aus, wo das Signal gegeben wird, die Bekanntmachung desselben an die umliegenden Uferbewohner nicht erst nothwendig ist, weil die Signalschüsse ohnehin schon in der Umgegend gehört werden, und aus der Zahl der Schüsse, die Bedeutung des Signals verständlich wird.

In dieser Hinsicht ist jedoch nothwendig, daß die Bedeutung der Signale allen denen, die ein Interesse daran haben können, vorher genau bekannt gemacht werde.

§. 39.

Eine andere Art der Benachrichtigung mittelst des Schalles, kann auch durch Läutung der Glocken geschehen.

Unterdessen finden sich hierbei mehrere Schwierigkeiten in der Ausführung. Denn da die Dörfer, wo Glocken vorhanden sind, oft in bedeutender Entfernung vom Strome, und zuweilen nicht so nahe beisammen liegen, um in dem zunächst gelegenen Dorfe, wo Glocken angetroffen werden, das durch eine Glocke gegebene Signal, zumal bei widrigem Winde hören und unterscheiden zu können, so würde nothwendig werden, zu diesem Zwecke besondere Glockenthürme in nicht allzugroßen Entfernungen von einander zu errichten.

Der mit Errichtung dieser Glockenthürme, und mit Anschaffung der Glocken verbundene sehr bedeutende Kostenaufwand dürfte daher wohl ein Hinderniß werden, diese Benachrichtigungsanstalt einführen zu können.

Ueberdieß würde auch hierbei, eben so wie bei denen bereits angegebenen Verfahrungsarten, sich die Anstellung von Personen zur Beobachtung der gegebenen Signale nicht entbehren lassen, die sich entweder durch einzelne Glockenschläge, wie bei dem Stürmen, oder durch Läuten der Glocken in kurzen Absätzen hinter einander würden bezeichnen lassen.

§. 40.

Um in einem möglichst kurzen Zeitraume stromabwärts liegende Gegenden von dem unerwarteten Eintritte eines ungewöhnlich hohen Wasserstandes im Frühjahre, Sommer oder Herbste Nachricht mitzutheilen, damit daselbst, wenn es noch Zeit ist, die nöthigen Vorkehrungen an den Dämmen, und sonstige Rettungsanstalten getroffen werden können, sind die bisher zu Mittheilung von Nachrichten angegebenen Verfahrungsarten nicht füglich anwendbar.

Denn da dergleichen Stromergießungen oft ganz unerwartet eintreten, sich nicht so, wie der Aufbruch des Eises bei eintretendem starken Thauwetter, wenigstens mit einiger Wahrscheinlichkeit, voraussehen lassen, so würde eine ununterbrochene Beobachtung des Stromes und die Aufstellung der Signalposten das ganze Jahr hindurch nothwendig werden. Dieß dürfte aber nicht allein sehr kostspielig, sondern auch dadurch, wegen der fast unvermeidlichen Vernachläßigungen der beabsichtete Zweck nicht einmal vollständig erreicht werden. Denn da die, in den untern Stromgegenden zur Beobachtung der Signale angestellten Personen, oft nicht die geringste Ahndung von denen Ereignissen in den obern Stromgegenden, durch welche ein schneller und ungewöhnlich hoch ansteigender Wasserwuchs verursacht wird, haben können, so kann es sich leicht ereignen, daß sie, die so unerläßlich nothwendige ununterbrochene Aufmerksamkeit auf die aus den obern Stromgegenden zu erwartenden Signale, vernachläßigen, wovon aber die Folge seyn würde, daß die Signale entweder gar nicht, oder doch nur mit einem sehr nachtheiligen Zeitverluste fortgegeben werden. Da es nun wohl schwerlich möglich seyn dürfte, Mittel aufzufinden, die zur Beobachtung angestellten Personen in der hierbei unerläßlich nothwendigen steten Aufmerksamkeit zu erhalten, so wird die Erreichung des durch die Signalisirung in ein oder der andern Art, beabsichteten Zweckes, sehr ungewiß und unzuverläßig bleiben.

Soll daher bei unvorhergesehenen Stromergießungen, die während des Frühjahres, Sommers und Herbstes eintreten, die Mittheilung dieses Ereignisses an die unterhalb liegenden Stromgegenden, mit der erforderlichen Schnelligkeit und Zuverläßigkeit bewirkt werden, so bleibt wohl unbezweifelt die Benachrichtigung durch Eilboten das einfachste und sicherste Mittel. Denn aus Erfahrung ist bekannt, daß in den Flüssen, mit Ausnahme weniger Bergflüsse, die Fortbewegung der Wassermasse bei dem Eintritte einer Ergießung in den obern Stromgegenden nicht so schnell stromabwärts erfolge, als daß es nicht möglich seyn sollte, die Nachricht von diesem Ereignisse durch reitende Boten noch vor der Ankunft des Wasserwuchses in den untern Stromgegenden, denselben zeitig genug mittheilen zu können, in so fern nur die Abfertigung dieser Boten, in der obern Stromgegend zeitig genug erfolgt, und deren Weiterbeförderung von Station zu Station nicht aufgehalten wird.

§. 41.

Zu Erreichung dieser Absicht muß in der Gegend des Stromes, die als der Anfangspunct der Nachrichten den örtlichen Verhältnissen nach bestimmt worden ist, eine sachkundige und zuverlässige Person angestellt werden, welche auf ihrer Station den Strom ununterbrochen beobachtet, um von da aus die Absendung aller Nachrichten, deren Mittheilung für die untern Stromgegenden von Wichtigkeit ist, unverzüglich besorgen zu können.

§. 42.

Soll jedoch die Nachricht schnell genug mitgetheilet werden, so ist nothwendig:

1) daß dieß durch Staffetten geschehe, weil es wohl nicht möglich seyn dürfte, Jahr aus Jahr ein stets reitende Boten stationirt zu halten. Kann dieses aber nicht statt finden, so wird durch den dann unvermeidlichen Zeitverlust, der durch Herbeischaffung eines Pferdes für den Boten verursacht werden muß, der Zweck verfehlt.

2) festzusetzen, in welchem Zeitraume jede Station von der Staffette zurückgelegt werden müsse.

3) Die Staffette darf die Nachricht nicht blos an die in der Nähe des Stromes befindlichen Aemter, Stadtobrigkeiten oder andere Behörden zum Behuf der Mittheilung durch dieselben an die am Strome

gelegenen und der Gefahr ausgesetzten Ortschaften abgeben, weil sich dabei oft ein Zeitverlust von mehrern Stunden ergeben könnte, ehe die Behörden, zumal wenn die Nachricht zur Nachtzeit eintrifft, dieselbe beförderten, sondern die Staffette muß ihren Weg, so weit es die örtliche Beschaffenheit irgend gestattet, und ohne bedeutende Umwege machen zu müssen, geschehen kann, ihren Weg durch die am Strome gelegenen Ortschaften, nach einer, derselben vorher ertheilten Bestimmung nehmen, und die Nachrichten an die daselbst zur weitern Verbreitung beauftragten Personen abgeben. Diese Orte dürfen jedoch in nicht zu großer Entfernung von einander liegen, und 1 bis höchstens 2 Stunden wird hierbei als größte Entfernung anzunehmen seyn.

4) In jedem Orte, den die Staffette auf ihrem Wege zu passiren hat, muß sie eine Anzeige von der mitzutheilenden Nachricht an eine, ihm vorher bekannt gemachte Person, abgeben. Diese Anzeigen bestehen in Zetteln, die, so weit es thunlich ist, gedruckt sind, um in dieselben die Zeit des Anfanges vom Wasserwuchse, und die Höhe des Wasserstandes zur Zeit des Abganges vom Eilboten, schriftlich eintragen zu können, wobei der Zettel zugleich von dem Abfertiger zu unterzeichnen ist.

Die Einrichtung von dergleichen Zetteln kann aus der Beilage sub B. näher ersehen werden, wo unter No. I. ein Zettel wie er gedruckt wird, und unter No. II. ein anderer, in welchem die Nachrichten eingetragen sind, dargestellt ist.

5) In jedem Orte, welchen die Staffette auf ihrem Wege berührt, muß eine zuverläßige Person beauftragt werden, die eingegangene Nachricht durch ähnliche, jeden Orts in Vorrath befindliche Zettel, nachdem die Nachricht in dieselben vorher eingetragen worden ist, den derselben angewiesenen Ortschaften schleunigst bekannt zu machen. Eine Anweisung, wie die Mittheilung von Ort zu Ort erfolgen solle, muß nach der örtlichen Beschaffenheit, vorher ertheilet worden seyn. Die Verbreitung der Nachrichten kann, bei der nicht großen Entfernung der Ortschaften von einander, durch, aus einer öffentlichen Kasse zu lohnende Fußboten geschehen, obengedachte Person ist jedoch für die sofortige Absendung der Nachricht an die ihr angewiesenen Orte durch Boten, und diese wegen Abgabe derselben jeden Orts in einer bestimmten Zeitfrist, verantwortlich zu machen.

6) Die Zeit des Eintreffens von der Staffette, so wie auch der Eingang der Nachricht, wie sie den Ortschaften durch Boten mitgetheilt werden, ist bei dem Empfange jedesmal genau auf dem Zettel anzumerken, die sämmtlichen Zettel sind aber späterhin an eine vorgesetzte Behörde einzureichen, um beurtheilen zu können, ob sowohl die Staffetten, als auch die Fußboten, welche die Verbreitung der Nachricht an die umliegenden Ortschaften der ertheilten Vorschrift gemäß, zu besorgen hatten, sich keiner Saumseligkeit haben zu Schulden kommen lassen. Jede hierbei bewiesene Nachläßigkeit muß aber streng bestraft werden.

§. 43.

Wenn die Mittheilung der Nachrichten durch Telegraphen oder Signale nicht anwendbar oder nicht rathsam scheint, so bleibt die Mittheilung der erforderlichen Nachrichten durch Boten, auf die eben dargestellte Weise auch bei Stromergießungen im Winter und bei Eisgängen, so wie bei starkem Wasserwuchs nach dem Eisgange überhaupt, ebenfalls das einzige Mittel.

§. 44.

Bei Stromergießungen, die sich im Frühjahre, Sommer und Herbste bei eisfreiem Wasser ereignen, ist die Absendung der Staffette zwar nur auf einer oder der andern Seite des Stromes erforderlich, weil die Mittheilung der Nachrichten, in so fern nicht besondere örtliche, oder zufällige Umstände dieß verhindern, zu Kahne den am andern Ufer des Stromes gelegenen Ortschaften, geschehen kann, allein es wird demohnerachtet der mehrern Zuverläßigkeit wegen, doch immer rathsam und fast nothwendig werden, auf jedem Ufer des Stromes einen Eilboten abzusenden.

Sollen aber Nachrichten bei Eisgängen durch Staffetten befördert werden, so ist die Absendung derselben auf beiden Ufern des Stromes unumgänglich nothwendig, weil dann die Communication über den Strom mehrentheils gänzlich unterbrochen ist.

§. 45.

Im Allgemeinen ist noch zu bemerken, daß allerdings jede der vorgeschlagenen Arten, die

Nachrichten mitzutheilen, ihre Unvollkommenheiten haben, es ist aber schon viel gewonnen, wenn nur die Uferbewohner auf die drohende Gefahr aufmerksam gemacht werden, um in Zeiten ihre Vorkehrungen treffen zu können, wenn auch die nachfolgenden speciellern Nachrichten nicht so genau, als man beabsichtiget, an sie gelangen. Darum aber eben ist die schnellste Art sie zu warnen, auch die beste, denn die genaueste Nachricht spät gegeben, ist nicht so viel werth, als eine noch so generelle zeitig ankommende.

§. 46.

Welche Verfahrungsart zum Behuf der schnellen Mittheilung von Nachrichten man nun auch erwählen mag, so ist doch zu wünschen, daß dergleichen Einrichtungen nicht nur theilweise, so weit der Strom seinen Lauf innerhalb eines Landesbezirks nimmt, getroffen werden, sondern daß sich die Regierungen aller, an einem Strome gelegener Staaten, zu einem gleichförmigen Systeme wegen schneller Mittheilung aller bei Eisgängen und hohen Stromergießungen erforderlicher Nachrichten, vereinigen mögen!

Dritter Abschnitt.

Von der nöthigen Aufsichtsführung auf die Dämme bei Stromergießungen und Eisgängen und die zu Abwendung der Gefahr zu treffenden Vorkehrungen.

§. 47.

In so fern keine hinreichende Anzahl von Dammbau-Officianten angestellt ist, um allenthalben die erforderliche Aufsicht führen zu können, so wird es nothwendig, aus denen Damminteressenten einer Dammkommun zwei zuverläßige, thätige und umsichtliche Personen als Kommun-Dammaufseher zu erwählen, welche auf gehörige Ausführung der im Cap. VIII. angegebenen Vorkehrungen zu sehen haben, und die auf die genaue Erfüllung ihrer in dieser Beziehung obhabenden Pflichten verantwortlich zu machen sind.

Haben die Dämme einer Dammkommun aber eine zu große Ausdehnung, als daß zwei Aufseher die ihnen dabei obliegenden Besorgungen gehörig verrichten könnten, so sind mehrere anzustellen, wobei immer zwei und zwei einen Dammbezirk überwiesen bekommen.

§. 48.

Die Anstellung von wenigstens zwei Damm-Kommun-Aufsehern in einem Dammbezirk ist um deswillen nothwendig, damit sich dieselben während der Zeit, in welcher eine ununterbrochene Aufsicht auf den Damm nothwendig ist, ablösen können.

Diese Ablösung kann etwa aller sechs bis acht Stunden geschehen.

Bei eintretender großer Gefahr müssen aber beide Damm-Aufseher auf dem Damme anwesend seyn, um allenthalben, ohne Zeitverlust die erforderlichen Veranstaltungen treffen zu können.

§. 49.

Ueberdieß hat sich jeder Damm-Aufseher einen, oder nach der Beschaffenheit von der Größe seines Distrikts, zwei oder mehrere zuverläßige Arbeiter, welchen die zu Erhaltung der Dämme erforderlichen Arbeiten bereits aus Erfahrung bekannt sind, zu wählen, damit ihn diese, bei langer Dauer der Dammwache und wenn an mehrern Dammstellen zu gleicher Zeit Gefahr eintritt, unterstützen können. Diese Gehülfen sind ihm überdies auch noch brauchbar, um denselben, wenn nach Beschaffenheit der Umstände die Vermehrung der Anzahl von Arbeitern, oder die schleunige Zuförderung einer größern Menge Baumateriales nothwendig wird, deshalb Aufträge ertheilen zu können, da er selbst, so lange Gefahr vorhanden ist, den Damm nicht verlassen darf.

§. 50.

Von denen Behörden wird übrigens darauf zu sehen seyn, daß die Dammintereßenten den Anordnungen dieser Dammkommun-Aufseher durchgängig gebührende Folge leisten, und sie bei Ausführung der von ihnen getroffenen Veranstaltungen bestens unterstützen. Wer sich säumig, oder widerspenstig bezeigt, muß, auf erfolgte Anzeige des Damm-Aufsehers, streng bestraft werden.

§. 51.

Die Obliegenheiten eines Kommun-Damm-Aufsehers sind folgende:

1) Hat derselbe zu veranstalten, daß die wasserdichte Zusetzung der Dammschleusen zu rechter Zeit und mit hinlänglicher Festigkeit bewerkstelliget werde.

2) Die Verdämmung der Ueberfahrten und Uebertriften in gleicher Art zu besorgen.

3) Für Herbeischaffung des zu Erhaltung der Dämme erforderlichen Materiales, und der benöthigten Geräthschaften in Zeiten Sorge zu tragen.

4) Die Bestellung der Dammwache und die Führung von Listen über dieselbe zu übernehmen.

5) Darauf zu sehen, daß die Dammwache ihre Schuldigkeit erfülle, daher diese von ihm bei Tag und bei Nacht oft revidirt werden muß.

6) Sich der Bestellung der erforderlichen Arbeiter, und der Aufzeichnung der ausbleibenden, wegen Bestrafung derselben, zu unterziehen.

7) Bei der Anwesenheit eines Dammbau-Officianten denselben bei Veranstaltung der erforderlichen Notharbeiten nach dessen hierzu ertheilten Anweisung, zu unterstützen, bei dessen Abwesenheit aber die nöthigen Vorkehrungen, nach der ertheilten Anweisung, selbst zu treffen.

8) Nach erfolgtem Wiederwegfallen des Wassers, und wenn keine Gefahr mehr zu besorgen ist, die

Wegräumung des Materiales von dem Damme, so wie auch die Aufbewahrung der Dammgeräthschaften zu besorgen.

9) An die ober und unterhalb gelegenen Dammnachbaren die nöthigen Nachrichten möglichst schnell mitzutheilen.

10) So lange an dem Damme kein Schaden entstehet, und seine Anwesenheit bei Gefahrstellen nicht nothwendig wird, hat derselbe sich, so viel als möglich in der Mitte seines Dammdistrikts an einem bestimmten Orte aufzuhalten, damit er bei eingehenden Meldungen von einer irgendwo eintretenden Gefahr ohne Zeitverlust aufgefunden werden könne.

11) Derselbe wird von dem andern Dammaufseher aller sechs bis acht Stunden, so lange nicht über Hand nehmende Gefahr die Anwesenheit beider Dammaufseher auf dem Damme nothwendig macht, abgelößet, und während dieser Zeit darf er den Damm unter keinerlei Vorwand verlassen. Endlich

12) Hat derselbe für genaue Befolgung derjenigen Anordnungen, welche die Wasserbaubehörden der örtlichen Beschaffenheit nach, noch außerdem zu ertheilen, für nothwendig erachten, Sorge zu tragen.

Vierter Abschnitt.

Ausmittlung der zu Erhaltung der Dämme erforderlichen Baumaterialien und Baugeräthschaften.

§. 52.

Ueber die Ausmittlung der Menge des wahrscheinlich zu Erhaltung eines Dammes erforderlichen Baumateriales und der Baugeräthschaften lassen sich keine allgemein anwendbaren Vorschriften ertheilen, weil das größere oder kleinere Bedürfniß theils von der örtlichen Beschaffenheit, theils von mehrern zufälligen Ereignissen bedingt wird.

Die gute oder schlechte Beschaffenheit eines Dammes; die Lage desselben gegen den, bei Hochgewässern und Eisgängen gewöhnlich eintretenden Windstrich; die Richtung der Dammlinie in Beziehung auf den Stromstrich; so wie auch die Breite und Beschaffenheit des Vorlandes hat auf die größere oder geringere Gefahr, welcher ein Damm ausgesetzt ist, einen sehr bedeutenden Einfluß und überdieß läßt sich ja nie, auch nur mit einiger Zuverläßigkeit, voraussehen, zu welcher Höhe eine bevorstehende Stromergießung ansteigen, und ob der Eisgang mehr oder minder Gefahr bringend für einen Damm eintreten werde.

§. 53.

Die Menge des zu Erhaltung eines Dammes erforderlichen Materiales läßt sich daher nur in denjenigen Fällen im Voraus bestimmen, wenn das

Erforderniß zu Ausführung der verschiedenen Sicherheitsmaßregeln und Notharbeiten auf gewisse Längen oder Flächen nach der Beschaffenheit und Lage des Dammes vorher ausgemittelt werden kann, dagegen läßt sich in Hinsicht auf Beschädigungen, welche sich während des Hochgewässers oder des Eisganges an einem Damme zeigen, die Menge des in diesem Falle zu Erhaltung eines Dammes erforderlichen Materiales niemals im Voraus angeben, weil diese Bestimmung lediglich von der Anzahl und Größe jener Beschädigungen abhängt, die aber mehr oder minder bedeutend und überdieß sehr verschiedenartig seyn können.

Es ist daher nothwendig, bei Dämmen, wo dergleichen Ereignisse zu besorgen sind, die Beobachtungen, welche bei vorhergegangenen hohen Stromergießungen und starken Eisgängen über die mangelhaften Dammstellen und das zu Erhaltung derselben erforderliche Bedürfniß gemacht worden sind, zu benutzen, indem diese Erfahrungen das sicherste Anhalten zu Ausmittlung des Materiales, welches in Vorrath anzuschaffen nothwendig wird, geben.

Als allgemeine Normen können nur folgende Bemerkungen gelten.

§. 54.

Hat ein Damm im Verhältniß mit dem höchsten Wasserstande hinreichende Höhe, Koppenbreite und Böschungsanlagen, ist ferner das Binnenland nicht niedriger, als das Vorland gelegen, und bestehet der Damm aus guter Dammerde, so wie auch das Terrain, auf welchem er erbauet ist, aus festen Erdarten, so wird nur erforderlich werden, so vieles Materiale anzuschaffen, als zu Deckung der Dammböschung gegen die nachtheiligen Wirkungen des heftigen Wellenschlages auf denjenigen Dammstrecken, welche demselben besonders ausgesetzt sind, erforderlich ist.

§. 55.

Die Vorkehrungen *) gegen die Beschädigungen, welche an einem Damme durch heftigen Wellenschlag verursacht werden können, bestehen gewöhnlich in Faschinenvorlagen; Deckung der Dammböschung durch Horden; Belegung derselben mit Stroh, welches durch Bindwaasen oder Strohseile und Pfähle befestiget wird, oder in einer Strohbedeckung, wie sie im §. 147. beschrieben ist.

§. 56.

Bei Anwendung der Faschinenvorlagen kann mit einem Schock Faschinen von gewöhnlicher Größe, und mit zwei Schock 2 bis $2\frac{1}{2}$ Ellen langen und 3 Zoll starken Pfählen eine Dammböschung auf 30 Ellen Länge gedeckt werden.

§. 57.

Wenn Horden hierzu verwendet werden, so deckt eine Horde die Dammböschung auf 6 Ellen Länge,

*) Eine nähere Beschreibung der zu Erhaltung der Dämme erforderlichen Veranstaltungen ist im Cap. VIII. enthalten.

zu deren Befestigung 4 Pfähle erforderlich sind. Hackenpfähle sind hierzu am brauchbarsten.

§. 58.

Bei einer Strohbelegung, welche durch Bindwaasen und Pfähle auf der Böschung befestiget wird, sind auf eine Quadratruthe oder 64 Quadratellen, je nachdem das Stroh dünner oder dicker aufgebreitet wird, 16 bis 24 Bund Roggenstroh, das Bund etwa zu 18 Pfund gerechnet, ferner 5 Faschinen *) von Weiden- Ellern- Birken- oder Pappel-Holz und 156 Bindweiden, **) zu 52 Ellen Bindwaasen und 48 Stück $1\frac{1}{2}$ bis 2 Ellen lange und 2 Zoll starke Pfähle, erforderlich.

§. 59.

Wird aber die Strohbelegung durch Strohseile befestiget, so werden 18 bis 26 Bund Stroh und

*) Die Menge des Faschinenreißes ist hier durchgängig nach Faschinenbunden von 3 Ellen Länge, ungerechnet der Spitzen welche das obere Ende der Faschinen bilden und von $\frac{1}{2}$ Elle Stärke angegeben worden, weil in dieser Art sich die zuverläßigste Bestimmung ertheilen ließ, auch weil das Faschinenreiß des bessern Transports wegen gewöhnlich vorher in Faschinen gebunden und so abgeliefert wird.

**) Ueber die hier angegebene Menge der erforderlichen Bindweiden muß jedoch noch ein Ueberschuß gerechnet werden, weil bei dem Gebrauche derselben einiger Abgang statt findet, da die Bindweiden, wie sie gewöhnlich geliefert werden, nicht alle brauchbar sind. Hierauf ist auch bei allen folgenden Bestimmungen von deren Menge, Rücksicht zu nehmen.

48 Stück $1\frac{1}{2}$ bis 2 Ellen lange, 2 Zoll starke Hacken, oder mit einem Querholze versehene Pfähle gebraucht.

§. 60.

Sichert man endlich die Dammböschung durch eine sogenannte Strohbespickung, so werden zu 1 Quadratruthe oder 64 Quadratellen 15 bis 19 Bund Stroh, je nach der verschiedenen Dicke der Strohbelegung erfordert.

§. 61.

Es ist jedoch der Vorsicht gemäß, auch an Dämmen, von der im §. 53. angegebenen guten Beschaffenheit, noch überdieß einiges Materiale in Bereitschaft zu halten, um dieß bei eintretenden unvorhergesehenen Fällen, wenn sich z. B. während eines hohen Wasserstandes vor dem Damme, starke Quellen auf der inwendigen Dammseite zeigen, u. dgl. zu Erhaltung des Dammes anwenden zu können.

§. 62.

Soll die Böschung eines Dammes, wenn sie entweder vom Rasen entblößt, oder sonst schadhaft ist, oder wenn zu besorgen ist, daß durch den Eisgang, bei einer nachtheiligen Richtung des Stromstriches auf den Damm, oder durch den Windstrich, welcher bei dem Aufbruche des Eises gewöhnlich eintritt, die Böschung des Dammes angegriffen und stark beschädiget werden könne, durch Faschinenspreitlagen gegen den heftigen Andrang des Eises und gegen den Wellenschlag sicher gestellt werden, so sind zu einer Quadratruthe oder 64 Quadratellen dergleichen Spreitlage, wenn die Faschinen 6 Zoll dick aufgebreitet werden

32 Faschinen,

bei 8 Zoll Dicke der Aufbreitung

44 Faschinen,

und bei 12 Zoll dicker Aufbreitung

64 Faschinen,

ferner

8 Bund Näthergerten von $\frac{1}{2}$ Elle im Durchmesser, und 5 bis 6 Ellen Länge,

60 Stück $1\frac{1}{2}$ bis $2\frac{1}{2}$ Ellen lange, und 3 Zoll starke Pfähle, und 110 Baukarren Erde zur Bedeckung der Spreitlage, erforderlich.

§. 63.

Müssen aber in Ermangelung der Näthergerten zu den Flechtzäunen, Bindwaasen angewendet werden, so sind statt der Näthergerten 5 Faschinen von gewöhnlicher Größe von Weiden- Ellern- Birken- oder Pappel-Holz und 156 Bindweiden erforderlich.

§. 64.

Zeigen sich Quellen auf der inwendigen Dammböschung, oder am Fuße derselben, so sind zu Auffindung des Ortes, wo diese Quellen auf der äußern Dammböschung einmünden, Stangen erforderlich, welche nach Verhältniß der Dammhöhe und der Größe der Böschungsanlage eine Länge von 5 bis 12 Ellen, auch wohl darüber, erhalten können. Die Anzahl derselben ist nach der Menge der Quellen, welche sich nach denen, bei vorhergegangenen Stromergießungen angestellten Beobachtungen, an einem Damme gezeigt haben, zu bestimmen, wobei jedoch zu Untersuchung mehrerer, in nicht zu großer Entfernung von einander gelegener Quellen, eine Stange ausreichend seyn wird.

Ueberdieß sind einige Steine und etwas Strohdünger zu obigem Behufe erforderlich.

§. 65.

Da die Untersuchung von der Einmündung der Quellen bei sehr ebenen Dammböschungen sich auch mittelst leinener Tücher, oder Breter anstellen läßt, so können, nach Befinden, auch diese, so wie die zu deren Belastung erforderlichen Steine angeschafft werden.

§. 66.

Wenn die Verstopfung der Quellen mittelst einer Abdämmung in einem Halbkreise von Bindwaasen oder Faschinen, Pfählen und Strohdünger oder Erde, nothwendig wird, so ist jeden Orts, nach Maaßgabe der Größe des Halbkreises bei Verstopfung einzelner Quellen, oder der Länge der Eindämmung, bei mehrern nahe neben einander liegenden Quellen, die Menge der Bindwaasen oder Faschinen, der Pfähle und des Strohdüngers oder der Erde auszumitteln, indem bei der sehr verschiedenen Größe des Raumes, den die Eindämmung einschließen soll, und nach der hohen oder niedrigen Lage des Einmündungspunctes der Quelle auf der Dammböschung, so wie auch, je nachdem die Dammböschung steiler oder flächer ist, die Fälle so mannichfaltig seyn können, als daß es, ohne allzugroße Weitläuftigkeit kaum möglich seyn möchte, zu jeder Eindämmung, so wie sie nach Beschaffenheit der verschiedenen Umstände nothwendig werden kann, das dazu erforderliche Materiale anzugeben.

Nur ist zu bemerken, daß zu diesen Eindämmungen Pfähle von verschiedener Länge in Bereitschaft gehalten werden müssen, denn wenn auch zu Abdämmungen in der Nähe der Dammkappe Pfähle von nur geringer Länge gebraucht werden können, so sind dergleichen Pfähle doch nicht anwendbar, wenn die Abdämmung von der Dammkappe weiter abstehend angelegt werden muß, weil die Wassertiefe dann auf der Böschung sehr zunimmt und daher oft sehr lange Pfähle erfordert werden.

Es müssen daher zu diesem Behufe Pfähle von 1½ bis wenigstens 6 Ellen Länge in Bereitschaft gehalten werden.

§. 67.

Sollen einzelne zu niedrige Dammstellen oder bei dem Eintritte eines ungewöhnlich hohen Wasserstandes, wie z. B. bei Entstehung von stromabwärts entstandenen Eisstopfungen, ganze Dammstrecken mittelst der Aufkastungen erhöhet und der Damm dadurch gegen die nachtheiligen Folgen des Ueberstutzes vom Wasser gesichert werden, so können, wenn dieß durch einen einfachen Bretaufsatz bewirkt werden soll, bei einer gewöhnlichen Bretlänge von 8 Ellen, mit einem Brete 7 Ellen 16 Zoll

Dammlänge aufgesetzt werden. Zur Befestigung eines jeden Bretes sind 3 Pfähle von $1\frac{1}{2}$ Elle Länge erforderlich, und mit einem zweispännigen Fuder Strohdünger kann die Vorfüllung vor den Bretern auf 40 Ellen Länge oder mit einer Baukarrenladung Erde, auf 5 Ellen Dammlänge bestritten werden.

Es werden daher zu einem einfachen Bretaufsatz mit Vorfüllung auf der äußern Seite desselben auf eine Länge von z. B. 460 Ellen erfordert:

1 Schock Breter

3 Schock Pfähle von $1\frac{1}{2}$ Elle Länge und

$11\frac{1}{2}$ zweispännige Fuder Strohdünger, oder

92 Baukarrenladungen Erde.

§. 68.

Wenn aber auch eine Hinterfüllung auf der inwendigen Seite der Breter statt finden soll, so muß das doppelte an Strohdünger oder Erde, in Rechnung gebracht werden.

§. 69.

Zu einem doppelten Bretaufsatze mit einer Ausfüllung von Strohdünger oder Erde zwischen denselben, werden noch einmal so viele Breter und Pfähle, als zu einem einfachen Bretaufsatze gebraucht und es muß daher auf 3 Ellen 20 Zoll Dammlänge 1 Bret und 3 Pfähle zur Aufkastung gerechnet werden. Mit einem zweispännigen Fuder Strohdünger kann diese Art Aufkastung auf 4 Ellen 16 Zoll Länge und mit einer Baukarrenladung Erde auf 14 Zoll Länge ausgefüllt werden.

Soll nun ein Damm z. B. auf 161 Ellen Länge eine Aufkastung von zwei Reihen Bretern mit Ausfüllung zwischen denselben, erhalten, so sind dazu erforderlich:

42 Breter,

2 Schock 18 Stück Pfähle von $1\frac{1}{2}$ Elle Länge und

$34\frac{1}{2}$ zweispännige Fuder Strohdünger oder

276 Baukarrenladungen Erde.

§. 70.

Zu einer Aufkastung von zwei Brethöhen, bei welcher wie bei voriger Aufkastung verfahren, und dann auf die Ausfüllung noch ein Bret gesetzt wird, kann auf eine Bretlänge und 2 Pfähle von $1\frac{1}{2}$ Elle Länge und 1 Pfahl von $2\frac{1}{2}$ Elle Länge nur $2\frac{5}{9}$ Elle Länge Aufkastung gerechnet werden. Ferner kann von einem zweispännigen Fuder Strohdünger die Aufkastung zwischen den zwei Reihen Bretern ausgefüllt, und vor dem obern Bretaufsatz die Vorfüllung auf $3\frac{1}{5}$ Elle und von einer Baukarrenladung Erde auf $\frac{2}{5}$ Elle Länge bestritten werden.

Es wird daher zu einer dergleichen Aufkastung z. B. auf 92 Ellen Dammlänge gebraucht:

36 Breter,

1 Schock 12 Stück $1\frac{1}{2}$ ellige Pfähle,

36 Stück $2\frac{1}{2}$ ellige Pfähle,

$28\frac{3}{4}$ zweispännige Fuder Strohdünger oder

230 Baukarrenladungen Erde.

§. 71.

Soll eine Aufkastung von einfachen 12 Zoll starken Bindwaasen gefertiget werden, so kann mit einer 8 Ellen langen Bindwaase wegen der nöthigen Ueberdeckung von den Enden derselben nur 7 Ellen; mit einer 16 Ellen langen Bindwaase nur 15 Ellen, und mit einer 24 Ellen langen Bindwaase nur 23 Ellen Länge der Aufkastung hergestellt werden.

Zu Ausmittlung des Erfordernisses zu einer dergleichen Aufkastung dienen folgende Bestimmungen: Aus einem Schock Faschinen von gewöhnlicher Größe können 19 Bindwaasen von 8 Ellen Länge; $9\frac{1}{2}$ Bindwaasen von 16 Ellen Länge und $6\frac{1}{3}$ Bindwaasen von 24 Ellen Länge und durchgängig von 12 Zoll Stärke im Durchmesser gebunden werden, wozu noch überdieß zu jeder 8 Ellen langen Bindwaase 23 Bindweiden; zu jeder 16 Ellen langen Bindwaase 47 Bindweiden, und zu jeder 24 Ellen langen Bindwaase 71 Bindweiden erforderlich sind.

Ferner werden zur Befestigung einer 8 Ellen langen Bindwaase 6 Pfähle; zu einer 16 Ellen langen Bindwaase 12 Pfähle, und zu einer 24 Ellen langen Bindwaase 18 Pfähle gebraucht, welche eine Länge von $1\frac{1}{2}$ Elle erhalten.

Die Verfüllung vor und hinter den Bindwaasen kann von einem zweispännigen Fuder Strohdünger auf $14\frac{2}{3}$ Ellen Länge, oder von einer Baukarrenladung Erde auf $1\frac{5}{6}$ Ellen Länge hergestellt werden.

Soll daher ein Damm durch eine Aufkastung von Bindwaasen gegen das Ueberlaufen des Wassers gesichert werden, so sind dazu z. B. auf 77 Ellen

Dammlänge bei 8 Ellen langen Bindwaasen erforderlich:

35 Faschinen,

253 Bindweiden zu 11 Bindwaasen,

1 Schock 6 Stück Pfähle von $1\frac{1}{2}$ Ellen Länge,

$5\frac{1}{4}$ zweispännige Fuder Strohdünger

oder

42 Baukarrenladungen Erde.

Ferner werden zu einer dergleichen Aufkastung mit 16 Ellen langen Bindwaasen z. B. auf 165 Ellen Dammlänge gebraucht:

1 Schock $9\frac{1}{2}$ Stück Faschinen } zu 11 Bindwaasen.
517 Bindweiden }

2 Schock 12 Stück Pfähle von $1\frac{1}{2}$ Ellen Länge

und

$11\frac{1}{4}$ zweispännige Fuder Strohdünger

oder

90 Baukarrenladungen Erde.

Sollen endlich 24 Ellen lange Bindwaasen zu einer Aufkastung verwendet werden, so sind dazu z. B. auf 184 Ellen Dammlänge erforderlich

1 Schock 16 Stück Faschinen, } zu 8 Bindwaasen.
568 Bindweiden, }

2 Schock 24 Stück Pfähle von $1\frac{1}{2}$ Ellen Länge

und

$12\frac{6}{11}$ zweispännige Fuder Strohdünger

oder

$100\frac{1}{2}$ Baukarrenladung Erde.

§. 72.

Wird aber eine höhere Aufkastung nothwendig, so daß sie die Höhe von zwei Bindwaasen erhält, wobei zwei Bindwaasen unten und eine in der Mitte oben auf diese zu liegen kommt, so können von einer achtelligen Bindwaase nur $2\frac{1}{3}$ Elle Länge; von einer sechszehnelligen Bindwaase nur 5 Ellen Länge, und von einer vier und zwanzig elligen Bindwaase nur $7\frac{2}{3}$ Ellen Länge der Aufkastung gefertiget werden, von den zu Befestigung der Bindwaasen nach §. 70. erforderlichen Pfählen müssen aber zwei Drittel $1\frac{1}{2}$ Ellen Länge, und ein Drittel 2 Ellen Länge erhalten, und ein zweispänniges Fuder Strohdünger ist nur ausreichend, um davon die Verfüllung auf 4 Ellen Länge, und eine Baukarrenladung Erde aber nur um diese auf $\frac{1}{2}$ Elle Länge der Aufkastung bestreiten zu können.

Zu einer dergleichen Aufkastung von z. B. 49 Ellen Länge sind mithin, wenn dazu 8 Ellen lange Bindwaasen genommen werden, erforderlich

1 Schock $6\frac{1}{3}$ Stück Faschinen } zu 21 Bindwaasen
483 Bindweiden }

1 Schock 24 Stück Pfähle von $1\frac{1}{2}$ Ellen Länge
42 = = von 2 Ellen Länge

und

$12\frac{1}{4}$ zweispännige Fuder Strohdünger, oder
98 Baukarrenladungen Erde.

Ferner werden zu einer Aufkastung mit Bindwaasen von 16 Ellen Länge, auf z. B. 30 Ellen Länge gebraucht:

38 Stück Faschinen } zu 6 Bindwaasen,
282 Bindweiden }
48 Stück Pfähle von $1\frac{1}{2}$ Elle Länge,
24 Stück Pfähle von 2 Ellen Länge und
$7\frac{1}{2}$ zweispännige Fuder Strohdünger oder
60 Baukarrenladungen Erde.

Soll aber eine dergleichen Aufkastung von 24 Ellen langen Bindwaasen z. B. auf 46 Ellen Länge gefertigt werden, so sind dazu erforderlich

57 Faschinen } zu 6 Bindwaasen,
426 Bindweiden }
1 Schock 12 Stück Pfähle von $1\frac{1}{2}$ Ellen Länge
36 = = von 2 Ellen Länge und
$11\frac{1}{2}$ zweispännige Fuder Strohdünger, oder
92 Baukarrenladungen Erde.

§. 73.

Muß eine Aufkastung im Nothfall von Faschinen gefertigt werden, so läßt sich mit einem Schock Faschinen und zwei Schock Pfählen von $1\frac{1}{2}$ Elle Länge, der Damm auf 140 Ellen Länge aufkasten und zur Vorfüllung ist auf 20 Ellen Länge ein zweispänniges Fuder Strohdünger oder auf $2\frac{1}{2}$ Elle Länge eine Baukarrenladung Erde erforderlich.

Es werden daher z. B. zu 350 Ellen Länge einer dergleichen Aufkastung erfordert

2 Schock 30 Stück Faschinen
5 Schock Pfähle von $1\frac{1}{2}$ Ellen Länge, und
$17\frac{1}{2}$ zweispännige Fuder Strohdünger, oder
140 Baukarrenladungen Erde.

§. 74.

Ist zu besorgen, daß irgendwo eine Absinkung der äußern Dammböschung während des hohen Wasserstandes sich ereignen könne, so wird nothwendig, nach der Größe des zu befürchtenden Schadens eine hinreichende Menge Grund- oder Senkfaschinen in Zeiten fertigen zu lassen, um davon bei einem wirklich eintretenden, so gefahrvollen Ereignisse zu Erhaltung des Dammes unverzüglich Gebrauch machen zu können.

§. 75.

Das Bedürfniß an Materialien zu Senkfaschinen kann folgendermaßen angenommen werden. Zu einer 8 Ellen langen 1 Elle starken Senkfaschine:

15 bis 16 Faschinen,
97 Stück Rasen *)
2 Baukarrenladungen Steinknak oder grober Kieß,
28 Bindweiden.

Zu einer 12 Ellen langen, 1 Elle starken Senkfaschine:

20 Faschinen,
150 Stück Rasen,
$3\frac{1}{8}$ Baukarrenladung Steinknak oder grober Kieß,
40 Bindweiden.

*) Die Rasen werden gewöhnlich 12 Zoll lang 6 Zoll breit und 4 bis 5 Zoll stark gestochen. Wegen des Abganges beim Transport können etwas mehr, als angegeben, in Vorrath gefertigt werden.

Zu einer 16 Ellen langen, 1 Elle starken Senkfaschine:

25 bis 26 Faschinen,
204 Stück Rasen,
$4\frac{1}{4}$ Baukarrenladungen Steinknak oder grober Kieß,
56 Bindweiden.

Zu einer 8 Ellen langen, $1\frac{1}{2}$ Ellen starken Senkfaschine:

37 bis 38 Faschinen,
147 Stück Rasen,
$7\frac{1}{4}$ Baukarrenladungen Steinknak oder groben Kieß,
66 Bindweiden.

Zu einer 12 Ellen langen, $1\frac{1}{2}$ Elle starken Senkfaschine:

50 Faschinen,
232 Stück Rasen,
12 Baukarrenladungen Steinknak oder groben Kieß,
99 Bindweiden.

Zu einer 16 Ellen langen, $1\frac{1}{2}$ Elle starken Senkfaschine:

62 bis 63 Faschinen,
317 Stück Rasen,
$16\frac{1}{2}$ Baukarrenladungen Steinknak oder groben Kieß,
132 Bindweiden.

Hierbei ist noch zu bemerken, daß bei der Angabe von der Anzahl die erforderlichen Bindweiden, nur auf einfache Bänder gerechnet worden ist, sollen aber besonders bei den $1\frac{1}{2}$ Elle starken Senkfaschinen doppelte Bänder angelegt werden, so sind doppelt so viele Bindweiden erforderlich.

§. 76.

Ueberdieß werden zu Fertigung der Senkfaschinen noch Balkenhölzer von etwa 6 Zoll ins Gevierte, Latten oder Bretstücke von etwa $2\frac{3}{4}$ Ellen Länge, 3 Zoll Breite und $1\frac{1}{2}$ bis 2 Zoll Dicke, und Pfähle von $3\frac{1}{2}$ Ellen Länge, und 3 bis 4 Zoll Stärke, gebraucht.

Die Balckenhölzer erhalten eine Länge von 10, 14, oder 18 Ellen, je nachdem die Senkfaschinen 8, 12 oder 16 Ellen lang gemacht werden, und zu Fertigung einer Faschine werden 2 Stück erfordert.

Ferner werden gebraucht zu einer 1 Elle starken Senkfaschine

von	8 Ellen Länge,	8 Bretstücke	und	14	Pfähle
=	12 =	= 11	=	=	18	=
=	16 =	= 15	=	=	28	=

und zu einer $1\frac{1}{2}$ Ellen starken Senkfaschine

von	8 Ellen Länge,	12 Bretstücke	und	22	Pfähle
=	12 =	= 18	=	=	34	=
=	16 =	= 23	=	=	44	=

§. 77.

Es tritt oft der Fall ein, daß das innerhalb eines Dammes gelegene Land bei lange anhaltendem hohen Wasserstande vor dem Damme, von dem, durch den Damm dringenden Quellwasser unter Wasser gesetzt wird, so daß es dann nicht möglich ist, den zu Nothbauen erforderlichen Erdboden von da entnehmen zu können. Um nun nicht in die Verlegenheit zu kommen, bei eintretender Gefahr, den zu Abwendung derselben erforderlichen Erdboden nicht in der Nähe auftreiben zu können, sondern diesen dann, mit einem höchst nachtheiligen Zeitverluste, aus weiter Entfernung herbeischaffen zu müssen, ist es von großem Nutzen, in der Gegend von Dammstellen, wo aus Erfahrung bekannt ist, daß das am innern Dammflusse gelegene Land während einer lange anhaltenden Stromergießung gewöhnlich unter Wasser gesetzt wird, an der inwendigen Dammböschung in gewissen Entfernungen noch vor Eintritt einer Stromergießung, Erdhaufen anzuschütten, um von dieser in Vorrath befindlichen Erdmasse bei eintretender Gefahr ohne Zeitverlust das Erforderniß entnehmen zu können.

Die Entfernung der Erdhaufen von einander kann etwa 80 bis 100 Schritte von einander angenommen werden und deren Größe muß sich nach dem wahrscheinlichen Bedarfe richten. In den mehresten Fällen wird die vorräthige Erdmasse ausreichend seyn, wenn ein dergleichen Erdhaufen 200 bis 300 Karrenladungen enthält.

§. 78.

Bei Bestimmung von der Menge der anzuschaffenden Baugeräthschaften ist vorzüglich zu berücksichtigen nothwendig, daß alle vorfallende Arbeiten in einem so kurzen Zeitraume als möglich vollführt werden müssen, wenn anders der dadurch beabsichtete Zweck erreicht werden soll. Es müssen daher stets so viele Baugeräthschaften angeschafft werden, um eine, zu schneller Förderung der Arbeit, hinreichende Anzahl Arbeiter anstellen zu können.

Die Ausmittlung von der Menge der erforderlichen Baugeräthschaften läßt sich jedoch nur auf den Bedarf, bei den Dammwachposten, und zu denen Veranstaltungen gegen den Windschlag durch Faschinenvorlagen, ferner gegen das Ueberlaufen des Wassers ausdehnen, weil sich bei denen andern etwa vorfallenden Notharbeiten nie mit einiger Zuverläßigkeit voraussehen läßt, von welcher Beschaffenheit sie seyn, und welche Größe sie erhalten werden, daher auch die Menge der benöthigten Baugeräthschaften sich nicht voraus bestimmen läßt.

Unterdessen werden doch in den mehresten Fällen die zu gedachten Arbeiten erforderlichen Baugeräthschaften, mit Einschluß der bei den Dammposten befindlichen, und überdieß noch in Vorrath anzuschaffenden Baugeräthschaften, auch zu den übrigen vorfallenden Notharbeiten ausreichend seyn.

§. 79.

Bei jedem Dammwachposten ist an Baugeräthschaften anzuschaffen nothwendig:

4 Laternen nebst einer hinreichenden Anzahl Lichter,
4 Baukarren oder 3 Erdtragen,
8 Dammgräberspaten,
6 eiserne Schaufeln,
4 dreizackige Gabeln,

4 Hacken,
4 Handschlägel,
2 Erdrammen,
2 Beile, und
2 Bootshacken.

§. 80.

Zu den oben bemerkten Arbeiten ist an Baukarren anzuschaffen, und zwar bei einer Aufkastung

1) von einem einfachen Bretaussatz mit Verfüllung auf der Außenseite,
auf 1 Schock Breter 1 Baukarren,

2) von einem einfachen Bretaussatze mit Verfüllung vor und hinter den Bretern,
auf 1 Schock Breter 2 Baukarren,

3) von einem doppelten Bretaussatze und mit Ausfüllung zwischen demselben
auf 1 Schock Breter 6 Baukarren,

4) von zwei Brethöhen, und dazu gehöriger Verfüllung,
auf 1 Schock Breter 10 Baukarren,

5) von einfachen Bindwaasen,
auf 20 Ellen Bindwaase 1 Baukarren,

6) von drei Bindwaasen,
auf 36 Ellen 1 Baukarren, und

7) von Faschinen,
auf 1 Schock Faschinen 3 Baukarren.

Wenn statt der Baukarren Erdtragen angewendet werden, so werden auf 13 Baukarren 8 Erdtragen gerechnet.

§. 81.

Bei allen diesen Arbeiten, so wie auch bei den Vorlagen von Faschinen gegen den Wellenschlag sind auf 1 Schock Pfähle wenigstens 2 Handschlägel zu rechnen.

§. 82.

An Erdrammen ist erforderlich bei Aufkastungen

1) von einem einfachen Breteraufsatze und einer Verfüllung auf der Außenseite

auf 2 Schock Breter 1 Erdramme,

2) von einem einfachen Breteraufsatze mit Verfüllung vor und hinter demselben

auf 1 Schock Breter 1 Erdramme,

3) von einem doppelten Bretaufsatze mit einer Verfüllung zwischen demselben

auf 3 Schock Breter 2 Erdrammen,

4) von einem Aufsatz von doppelter Brethöhe

auf 1 Schock Breter 2 Erdrammen,

5) von einfachen Bindwaasen

auf 150 Ellen Bindwaase 1 Erdramme,

6) von drei Bindwaasen

auf 300 Ellen Bindwaase 1 Handramme, und

7) von Faschinen,

auf 4 Schock Faschinen 1 Handramme.

§. 83.

Ueberdieß sind noch erforderlich:

zu einer Erdtrage 2 Tragbänder,

zu einem Baukarren 1 Tragband

zu einem Baukarren 2 Dammgräberspaten, oder eiserne Schaufeln,
zu drei Baukarren 1 Hacke,
zu jedem Wagen bei Anfuhre des Strohdüngers 4 dreizackige Gabeln
und noch nach Verhältniß der Ausdehnung des Dammes einige Beile, Aexte und Pfahleisen.

§. 84.

Ueberdieß ist es rathsam, außer dem eben angegebenen Bedarfe an Baugeräthschaften, noch einen Vorrath, der etwa den sechsten oder vierten Theil der ausgemittelten Anzahl betragen kann, anzuschaffen, um theils bei vorfallenden vielen Notharbeiten davon Gebrauch machen, theils den Abgang an unbrauchbar gewordenen Stücken aus demselben sofort ergänzen zu können, indem mehrentheils keine Zeit vorhanden ist, um die beschädigten Stücke ausbessern zu lassen.

Fünfter Abschnitt.

Bestimmungen über Stellung der zu den Dammwachen und den Notharbeiten erforderlichen Mannschaften auch Verfügungen wegen der Hülfsmannschaften.

§. 85.

In den Ortschaften, welche bei Hochgewässern und Eisgängen von einem Damme gegen die Ueberschwemmung geschützt werden, und denen daher die

Erhaltung desselben obliegt, ist im Voraus die Anzahl der von jedem Einwohner zu der Zeit der Gefahr zu stellenden Arbeiter zu bestimmen, und dieß Verhältniß im Mangel anderer Vereinigung oder begründeten Herkommens, ohngefähr nach dem Werthe und der Größe der Grundstücke eines jeden, welche durch den Damm Schutz erhalten, festzusetzen, auch in ähnlicher Art, die Stellung der Ablösungs- oder der, bei wachsender Gefahr nothwendigen Verstärkungsmannschaften zu ordnen. Zu diesen Arbeitern dürfen nur brauchbare, erwachsene Mannspersonen, nicht aber Greise, Weiber oder Kinder genommen werden.

§. 86.

Die Reihefolge, in welcher die Mannschaften zu den Dammwachen zu stellen sind, die Zahl derselben, und die zur Ablösung in Bereitschaft zu haltenden Mannschaften, so wie auch die Zahl der Arbeiter, welche bei sich vergrößernder Gefahr, auf den Damm zu Erhaltung desselben, sich einzufinden haben, auch wie deren Verstärckung nöthigen Falls erfolgen solle, ist ebenfalls vorher zu bestimmen.

§. 87.

Bei außerordentlicher Gefahr muß jedoch alle, in den betreffenden Ortschaften vorhandene brauchbare Mannschaft auf Erfordern der mit Erhaltung der Dämme beauftragten Personen, sofort unweigerlich gestellt werden.

§. 88.

Die Eintheilung der Mannschaften, so wie sie nach den verschiedenen Ereignissen an dem Damme für nöthig erachtet worden ist, muß den Damm-Commun-Aufsehern schriftlich mitgetheilt werden, damit sie sich bei Bestellung der Mannschaften darnach richten und über die gehörige Stellung derselben genaue Aufsicht führen können.

Bleiben bestellte Mannschaften aus, oder finden sich zu spät an den bestimmten Sammelplätzen ein, so merkt diese der Damm-Commun-Aufseher an, damit sie bestraft werden können.

§. 89.

Da aber aus Erfahrung bekannt ist, daß die Bewohner der Ortschaften, welche bei einem zu besorgenden Dammbruche von der Ueberschwemmung betroffen worden, den Damm dann gewöhnlich zu verlassen pflegen, wenn die Gefahr groß wird, und wenn die Arbeiten zu Erhaltung des Dammes am dringendsten sind, um ihr Eigenthum zu retten, so ist nothwendig, in Zeiten solche Maßregeln zu treffen, durch welche der Abgang dieser Mannschaften, da deren Zurückhaltung billigerweise nicht füglich statt finden kann, sofort wieder ersetzt werden möge.

Zu diesem Behufe sind nahe gelegene Ortschaften, welche bei entstehenden Dammbrüchen der Ueberschwemmung nicht ausgesetzt sind, zu bestimmen, von denen die dann erforderliche Nothhülfe zu leisten ist, wenn die Damminteressenten wegen Rettung ihres Eigenthums den Damm zu verlassen genöthigt sind.

Ob jene Ortschaften diese Nothhülfe unentgeldlich, so wie bei Feuersgefahr, oder gegen eine festzusetzende billige Vergütung zu leisten schuldig seyn sollen, bleibt gütlicher Vereinigung, oder obrigkeitlicher Bestimmung überlassen.

§. 90.

Von diesen Ortschaften werden auch auf den Fall, wenn die Anzahl der Arbeiter, welche aus denen durch einen Damm geschützten Ortschaften zusammen gebracht werden können, nicht ausreichend zu gehöriger Betreibung der Arbeiten ist, die annoch dazu erforderlichen Mannschaften auf Erfordern zu stellen, und auch wegen deren Entschädigung, nach Befinden, ein billiges Abkommen zu treffen seyn.

§. 91.

Wegen Aufzeichnung der in diesen Ortschaften zu Leistung der Beihülfe bei Notharbeiten befindlichen brauchbaren Mannschaft, und deren Eintheilung, wird eben so zu verfahren seyn, wie dieß in §. 84, 85, 86, 87 und 88. bereits bemerkt worden ist.

Sechster Abschnitt.

Eintheilung der Dämme in gewisse Bezirke und Anlegung von Wachhäusern.

§. 92.

Wie bereits im dritten Abschnitte dieses Capitels erwähnt worden, sind dem Damm-Commun-Aufseher bei Dämmen von großer Ausdehnung, Unteraufseher zu geben. Wird nun aber auch diesen Unteraufsehern eine zu große Dammlänge zur Besorgung übertragen, so muß bei eintretender Gefahr Mangel an hinreichender Aufsicht und zweckmäßiger Veranstaltung zu Abwendung derselben unausbleiblich entstehen, weil der Aufseher bei einer zu großen Ausdehnung seines Bezirkes ohnmöglich an allen den Stellen gegenwärtig seyn kann, wo seine Anwesenheit erforderlich ist.

Bei der Bestimmung der Größe dieser Bezirke muß daher berücksichtigt werden, daß der Aufseher von einem Ende desselben bis zu dem andern, in einem nicht zu bedeutenden Zeitraume gelangen könne, und dieser Zweck wird sich erreichen lassen, wenn die Länge eines Bezirks zu 1500 bis 2000 Ellen angenommen wird.

Sollte jedoch Mangel an brauchbaren Unteraufsehern statt finden, so wird man sich freilich genöthigt sehen, einem Aufseher die Besorgung von zwei Distrikten zu übertragen.

§. 93.

In der Mitte eines jeden Bezirkes ist, in so fern sich in der Nähe kein Haus befindet, ein

Dammwachhaus zu erbauen, oder wenn der dazu erforderliche Kostenaufwand nicht aufgebracht werden kann, wenigstens eine Wachhütte zu errichten, damit der Aufseher und der Theil der Dammwache, welcher nicht zur Begehung der Dämme ausgesendet worden ist, darin bei kalter und nasser Witterung Schutz finden könne.

Ueberdieß muß auch für das nöthige Feuerungsmateriale gesorgt werden, damit besonders des Nachts ein Wachtfeuer unterhalten werden könne.

§. 94.

Bei und in dem Dammwachhause oder der Wachthütte werden die erforderlichen Baugeräthschaften und der Vorrath von Baumaterialien, so weit letzterer nicht an dem Damme vertheilet worden ist, aufbewahret.

Fünftes Capitel.

Von Untersuchung der Dämme und Dammschleusen noch vor Eintritt des Winters, oder in Zeiten wenn eine hohe Stromergießung wahrscheinlich zu erwarten stehet.

§. 95.

Es befinden sich an Dämmen und Dammschleusen oft solche schadhafte Stellen, deren Verbesserung kurz vor dem Eintritte einer Stromergießung oder des Eisganges entweder gar nicht, oder doch nur sehr unvollkommen und nicht haltbar bewirkt werden kann.

Es ist daher nothwendig, daß sämmtliche an einem Strome gelegene Dämme noch in Zeiten vor Eintritt des Winters oder wenn eine hohe Ergießung des Stromes wahrscheinlich zu besorgen steht, von sachkundigen Personen genau untersucht werden.

Bei dieser Untersuchung ist zu berücksichtigen:

1) ob die Böschungen der Dämme, besonders die auswendige mit einer festen Rasendecke versehen, und überhaupt nicht beschädigt ist,

2) ob sich keine Löcher oder einzelne Senkungen in dem Dammkörper befinden, welche das Eindringen des Wassers gestatten und daher für die Erhaltung des Dammes nachtheilig werden können,

3) ob an einzelnen Stellen, der Damm nicht seine gehörige Höhe habe,

4) ob das vor einem Damme befindliche schmale Vorland vom Strome angegriffen ist und ob während des Eisganges oder der Stromergießung eine so bedeutende Schmählerung desselben wahrscheinlicher Weise zu befürchten seyn werde, daß dadurch der Fuß des Dammes in Gefahr kommen könne,

5) ob, wenn innerhalb des Dammes sich Wasserlöcher oder sogenannte Kölcke befinden, der inwendige Fuß des Dammes hinlänglich verwahrt sey, damit die inwendige Dammböschung während eines hohen Wasserstandes vor dem Damme, nicht absinken könne, endlich

6) ob die Dammschleusen in gutem Zustande sich befinden.

§. 96.

Bei einem oder dem andern vorgefundenem Mangel sind dann sofort die erforderlichen Vorkehrungen in der Art zu treffen, daß die Arbeiten noch vor Eintritt des Winters oder der Stromergießung zweckmäßig und dauerhaft vollendet werden können.

Zu Erreichung dieses Zwecks sind daher folgende Veranstaltungen zu treffen.

§. 97.

Die vom Rasen entblößten oder sonst beschädigten Dammstellen, besonders auf der äußern Böschung müssen, nachdem sie vorher nach der Böschungslinie mit guter Dammerde ausgeglichen und die lagenweise aufgefüllte Erde gehörig fest gestampft worden ist, mit einer Spreitlage von Faschinenholze belegt und diese durch Flechtzäune oder Bindwaasen befestigt werden.

Zu Ausführung dieser Vorkehrung wird in einem der folgenden Capitel Anweisung ertheilt werden.

§. 98.

Aufgefundene Löcher oder Senkungen im Damme müssen so weit, als sich erstere in den Damm erstrecken, letztere aber, bis man die Ursache ihrer Entstehung entdeckt, aufgegraben und dann mit guter Dammerde ausgefüllt werden, wobei jedoch zu beobachten ist, daß die Ausfüllung lagenweise geschehe und jede Erdlage nicht über 6 bis 8 Zoll Höhe erhalte, auch jede Lage jedesmal, ehe eine neue Lage aufgebracht wird, hinreichend fest gerammt werde. Dabei ist, so weit möglich, zu verhüten, daß die Rasendecke der äußern Dammböschung zerstört werde.

Ist dieß aber nicht zu vermeiden, so muß die vom Rasen entblößte Stelle mit einer Spreitlage und Vernäthrung gegen die nachtheiligen Wirkungen des Wellenschlages verwahrt werden.

§. 99.

Zu niedrige Dammstellen müssen mit guter Dammerde in gleicher Höhe mit der Kappe des Dammes, wo er seine gehörige Höhe hat, nach der Waage ausgeglichen werden. Die Erhöhung solcher Dammstellen ist ebenfalls Lagenweise zu bewerkstelligen und jede Lage fest zu rammen.

Hat die Dammkappe nicht Breite genug, um die Erhöhung nach der fortlaufenden Böschungsanlage des Dammes aufführen zu können, so muß einer dergleichen Erhöhung eine steilere Böschung gegeben werden, die jedoch auf der Außenseite des Dammes nie unter ein und ein halbfach angenommen werden sollte.

Sollte aber die Dammkappe so schmal seyn, daß auch bei Annahme einer steilern Böschung die Breite der Kappe nach erfolgter Erhöhung der zu niedrigen Dammstelle nicht wenigstens 1 Elle betrüge, so muß man sich einer Aufkastung mittelst Breter und Pfähle, so wie diese im frühern Capitel beschrieben worden ist, bedienen.

§. 100.

Hat der Strom das Vorland wie in Fig. 25. Tab. VI. ſo ſehr geſchmälert, daß der Fuß des Dammes bei Vergrößerung des Uferabbruches a b c während einer bevorſtehenden Ergießung des Stromes oder des Eisganges in Gefahr kommen kann, in den Strom abzuſinken, ſo muß das Ufer durch eine Uferfeſte c d e f von Faſchinen, oder durch ein Steinvorlager gegen fernern Abriß ſicher geſtellt werden.

Eine dergleichen Uferfeſte erhält, wenn ſie von Faſchinen erbauet wird, wenigſtens 3 bis 4 Ellen, bei einem heftigen Anfalle des Stromes aber 5 bis 6 Ellen zur obern Breite, $\frac{3}{4}$ Elle Höhe über den gewöhnlichen Sommerwaſſerſtand des Stromes, und an der Außenſeite 1 bis $1\frac{1}{2}$ fache Böſchungsanlage; wird ſie aber von Bruchſteinhurzeln hergeſtellt, ſo iſt es in den mehreſten Fällen hinreichend, derſelben $2\frac{1}{2}$ bis 3 Ellen zur obern Breite, 1 Elle Höhe über den gewöhnlichen Sommerwaſſerſtand des Stromes, und an der Außenſeite $1\frac{1}{2}$ fache Böſchungsanlage zu geben.

Der übrige Theil der Uferhöhe wird, wenn es der zwiſchen dem Uferrande und dem Fuße des Dammes vorhandene Raum geſtattet, nach dreifacher Anlage abgeböſcht, und die Oberfläche dieſer Abböſchung durch eine Spreitlage und Vernäthrung g h d befeſtiget.

Sollte ſich aber der Uferabriß dem Fuße des Dammes ſchon unmittelbar genähert, oder denſelben wohl gar bereits angegriffen haben, wie in Fig. 26.

Tab. VI. bei ikl, so muß die Uferfeste oder das Steinvorlager lmno, wenigstens so weit in das Strombette hinausgelegt werden, daß die nach dem Lande gekehrte Seite lm derselben noch außerhalb der Verlängerung der Böschungslinie piq des Dammes fällt.

Besser ist es jedoch, wenn die Uferfeste so weit in das Strombette hinausgelegt wird, daß vor dem Fuße des Dammes noch eine Berme qr von 4 bis 8 Ellen Breite in gleicher Höhe mit dem Ufer angelegt und von derselben aus, das Ufer bis zur Oberfläche der Uferbefestigung nach dreifacher Anlage angeschüttet werden kann, wie dieß bei rst dargestellt worden ist.

Der Raum uvc Fig. 25. und wxylk Fig. 26, hinter der Uferfeste muß dann mit Erde verfüllt und die Böschung des Dammes auf dieser Ausfüllung wieder hergestellt, auch die Oberfläche derselben, so wie der angefüllten Uferböschung durch eine Spreitlage und Vernätherung befestiget werden.

§. 101.

Befindet sich der inwendige Fuß des Dammes wegen in zu großer Nähe an demselben vorhandener Wasserlöcher oder Kölcke, in Gefahr, während eines vor dem Damme befindlichen hohen Wasserstandes, abzusinken, so muß der Fuß des Dammes eben so, wie im §. 99. angewiesen worden ist, durch Uferbefestigungen sicher gestellt werden, es wird jedoch hier hinreichend seyn, denen Uferbefestigungen eine geringere obere Breite und nur einfache Böschungsanlagen zu geben.

§. 102.

Wenn die Schutztafeln mit ihrer untern Seite nicht genau auf der Sohle der Schleuse aufstehen, oder nicht genau in die Falze passen, oder nicht hinreichende Höhe und Stärke haben, oder auch die Schenkel, mittelst welcher sie aufgezogen werden, fehlen, so müssen diese Mängel verbessert, wenn die Schutztafeln dazu nicht mehr brauchbar sind, durch neue ersetzt werden.

§. 103.

Wird bei angestellter Untersuchung wahrgenommen, daß bei steinernen Schleusen die Sohle einer Schleuse nicht gut und wasserdicht verbunden ist, oder daß sich an den Seitenwänden, oder an der Decke oder dem Gewölbe, oder an den Flügelwänden Risse zeigen; bei hölzernen Schleusen aber, daß die Verschaalungsbohlen nicht fest an einander schließen, oder diese, so wie auch die Balkenhölzer und Pfähle durch Fäulniß gelitten haben oder ganz unbrauchbar geworden sind; so müssen alle diese vorgefundenen Schadhaftigkeiten noch vor Eintritt des Frostes oder einer befürchteten Ergießung des Stromes ausgebessert, diejenigen Theile der Schleuse aber, bei denen durch eine Ausbesserung keine hinreichende Festigkeit und Wasserdichtigkeit erhalten werden kann, abgetragen und gut und dauerhaft wieder aufgeführet werden.

§. 104.

Ergiebt sich bei angestellter genauer Untersuchung, daß die Dammerde den Schleusenkörper und die Flügelwände nicht allenthalben fest und dicht anschließend umgiebt, sondern Hohlungen daselbst vorhanden sind, so muß der Damm bei der Schleuse, so weit es nothwendig ist, aufgegraben und dann die gemachte Oeffnung mit guter Damm-Lehm- oder Thonerde laagenweise wieder verfüllt und möglichst festgerammt werden.

Sechstes Capitel.

Von denen, unmittelbar vor dem Eisaufbruche zu treffenden Vorkehrungen.

Erster Abschnitt.

Veranstaltung der erforderlichen Aufeisungen.

§. 105.

Sobald der Eintritt eines starken und anhaltenden Thauwetters, den baldigen Bruch der Eisdecke auf Strömen und Flüssen vermuthen läßt, wird es nothwendig, alles zu beseitigen, was den Aufbruch und ungestörten Fortgang des Eises etwa behindern könnte, und es gehören dahin folgende Vorkehrungen:

§. 106.

Gewöhnlich wird, wenn die Flüsse mit Eis belegt sind, letzteres aber noch nicht hinreichende Stärke erlangt hat, Lasten tragen zu können, die Eisdecke an solchen Stellen, wo Fährenüberfahrten und andere Uebergänge über den Strom vorhanden sind, während des Frostes mit Wasser begossen, um die Eisstärke zu vermehren, überdieß auch noch mit Stroh belegt, oder mit Sand beschüttet, um das Fortkommen auf der glatten Eisfläche zu erleichtern.

Die in dieser Art vorgerichteten Eisbahnen hemmen den Aufbruch und Fortgang des Eises ungemein, und darum ist die Zerhauung derselben in kleine Eistafeln nothwendig.

§. 107.

An den Brückenpfeilern findet das Eis bei dem Aufbruche ebenfalls ein Hinderniß, indem die großen ungebrochenen Eisflächen, welche durch die Brückenjoche nicht Raum genug zum ungehinderten Fortgange vorfinden, sich, wenn das Eis noch nicht im vollen Zuge ist, an die Brückenpfeiler stemmen. Die dadurch aufgehaltene Eismasse verschiebt sich dann, durch die nachfolgenden Eisschollen, oft schutzförmig oberhalb der Brücke, und der Fortgang des Eises wird dadurch unterbrochen.

Es ist daher rathsam, die oberhalb einer Brücke und innerhalb der Brückenjoche befindliche Eisfläche, wenn sie eine größere Stärke, als 6 bis 8 Zoll erlangt hat, in so kleine Eistafeln zu zertheilen, daß sie ungehindert durch die Brückenjoche ihren Abzug gewinnen können, so wie es auch zum ungehinderten Abzuge des Eises bei einer Brücke beiträgt, wenn unterhalb der Brücke die Eisfläche ebenfalls zertheilet wird.

§. 108.

Die Länge, bis zu welcher die Aufeisung oberhalb einer Brücke zu veranstalten ist, muß wenigstens dem dritten Theil bis zur Hälfte der Strombreite, unterhalb der Brücke aber, der zwei- oder dreifachen Jochweite gleich angenommen werden, eine größere Ausdehnung der Aufeisung wird aber stets von Nutzen seyn.

Auch wird der bessere und schnellere Aufbruch des Eises dadurch sehr befördert, wenn in der Richtung der Stromrinne — oder des tiefsten Theils des Strombettes — die Eisdecke ober und unterhalb einer Brücke auf eine, der Strombreite wenigstens gleich große, besser aber auf die doppelte Länge, bei $\frac{1}{12}$ bis $\frac{1}{8}$ der Strombreite in Eisflächen zertheilet wird, welche durch die Brückenjoche ungehindert ihren Abzug gewinnen können.

§. 109.

Bei Bestimmung der Größe der Eisflächen, in welche die Eisdecke zertheilet werden soll, ist, wie bereits bemerkt, darauf zu sehen, daß die dadurch erhaltenen Eistafeln ungehindert durch die Brückenjoche hindurch gehen können. Hierzu aber ist es nicht hinreichend, die Breite und Länge dieser

Tafeln nach der Weite der Brückenjoche im Lichten ab Fig. 27. Tab. x abzumessen, sondern diese Weite muß für die Diagonale c e jeder viereckigen Eistafel c d e f angenommen werden, weil es leicht möglich ist, daß sie durch andere Eisschollen gedrängt, in der schiefen Richtung g h i k gegen das Brückenjoch antreibt. In diesem Falle aber wird letzteres durch die Tafel gesperrt werden, wenn ihre Seiten mit der Jochweite gleich wären.

§. 110.

Starke Stromkrümmungen, Stromengen, eine zu große Breite des Flusses, in welcher letztern das Eis, wegen des daselbst langsamer fließenden Wassers eine mehrere Stärke, als in den übrigen Theilen der Strombahn hat erhalten können, und diejenigen Stellen, wo sich das Eis bei dem Einwintern des Flußes bedeutend über einander geschoben hat, geben ebenfalls oft Veranlassung zu Entstehung von Eisstopfungen, und es ist daher anzurathen, die Stromrinne an den bemerkten Stellen, eben so, wie oberhalb der Brücken, aufeisen zu lassen. Die Breite des aufzueisenden Kanals muß dabei wenigstens $\frac{1}{12}$ der Strombreite erhalten. Ist aber die Strombahn sehr verengt oder gekrümmt, hat das Eis bei einer zu großen Strombreite eine ungewöhnliche Stärke erreicht, oder haben sich die Eisschollen sehr unter einander, besonders an solchen Stellen verschoben, von denen man aus Erfahrung weiß, daß sich an ihnen leicht Eisschütze bilden, so muß man auch die Breite jenes aufzueisenden Kanals verhältnißmäßig und wohl bis auf $\frac{1}{6}$ der Strombreite vermehren. Die Größe der Eistafeln, in welche die Eisdecke zu zertheilen ist, kann nach der Weite der Joche — der zunächst unterhalb liegenden Brücke, in der §. 109. bemerkten Art, angenommen werden.

§. 111.

Die heftige Erschütterung, welche unter Wasser entzündetes Pulver, verursacht, und die Wirkung des Wurfgeschützes, schien als ein sehr wirksames Mittel zu Zerstörung der Eisdecke eines Stromes da angewendet werden zu können, wo die Zertheilung der Eisdecke nach §. 107 und 110. nothwendig wird.

Die deshalb angestellten Versuche haben aber keinesweges den davon gehegten Erwartungen entsprochen, wie sich aus den, in dem Nachtrage C enthaltenen Nachrichten ergiebt, und die Aufeisung mittelst der Eisaxt und Eissäge verdient daher wohl unbezweifelt den Vorzug. Es sollen daher hier nur über die dabei anzuwendende Verfahrungsart die erforderlichen Anweisungen ertheilet werden.

§. 112.

Die Eissäge ist nur dann mit Nutzen anwendbar, wenn Wassertiefe genug vorhanden ist. Denn ist dieß nicht der Fall, so trifft die Säge auf den Grund auf und wird dadurch leicht verbogen, auch verliert sie dann an ihrer Wirksamkeit, weil die Bewegung niederwärts beschränkt wird.

Ferner kann das Eis mittelst der Eissäge bei einem starken Stromzuge nur in der Richtung der Strombahn zertheilet werden, weil bei Schnitten quer über den Strom der unter der Eisdecke im Wasser befindliche Theil des Sägeblattes vom Stromzuge gegen die stromabwärts liegende Seite des Schnittes am Eise gedrängt wird, und daher die Säge klammt, wodurch die Arbeit nicht nur sehr erschweret, sondern bei sehr starkem Stromzuge fast unmöglich gemacht wird.

Bei Schnitten in der Richtung der Strombahn wird die Arbeit bei Zertrennung der Eisdecke aber durch den Gebrauch der Eissäge sehr beschleuniget, indem die Trennung des Eises mittelst der Eissäge weit schneller, als durch die Eisaxt bewirkt werden kann.

§. 113.

Soll die Eissäge angewendet werden, so muß zuvörderst ein Loch mit der Eisaxt in das Eis von der Größe gehauen werden, daß die Säge eingesenkt werden kann. Die Arbeiter treten dann, indem sie das oben an der Säge befindliche Querholz ergreifen, mit dem Gesicht stromaufwärts und ziehen die Säge abwechselnd so weit auf- und niederwärts, als sie es vermögen, wobei sie, so wie der Schnitt fortrückt, rückwärts treten. Bei großen Eissägen, wie Fig. 20. Tab. IV. treten die an dem Querholze g angestellten Arbeiter aber so, daß sie mit dem Gesicht stromabwärts zu stehen kommen.

Läuft der Sägeschnitt krumm oder von der bezeichneten Richtungslinie schief ab, so muß nahe unterhalb vom Ende des Schnittes ein Loch in das Eis gehauen und der Schnitt dann bis zu diesem verlängert, auf der entgegenstehenden Seite des Loches aber ein neuer Schnitt in der vorgeschriebenen Richtungslinie angefangen werden.

§. 114.

Bei sehr starkem Eise kann durch die Eissäge die Trennung des Eises auch in der Art befördert und erleichtert werden, wenn die mit den Eisäxten gehauenen Rinnen, vollends durchgesägt werden, indem bei sehr starkem Eise die Arbeit mit den Eisäxten schwierig wird.

§. 115.

Bei der Aufeisung mit Eisäxten wird eine, nach Verhältniß der Eisstärke breite Rinne (oder Gräbchen) ausgehauen. Die Breite dieser Rinne kann am besten etwas weniger breit, als die Rinne tief gemacht werden muß, angenommen werden.

Zwei Mann treten in nicht großer Entfernung neben einander, und indem der eine fast lothrecht in die Eisfläche hauet, spaltet der andere durch einen etwas schräg geführten Hieb, das Eis los. Bei nicht sehr starkem Eise, und beim Anfang der Arbeit in starkem Eise wird zu dieser Arbeit die Tab. IV. Fig. 12 und 13. dargastellte Eisaxt, späterhin aber bei starkem Eise die Fig. 14 und 15. abgebildete Eisaxt angewendet.

Die in der vorher bezeichneten Richtungslinie so gebildete Rinne muß von einem dritten Arbeiter mit einer eisernen Schaufel von den losgehauenen Eisstücken gereinigt werden.

So wird mit dieser Arbeit fortgefahren, bis die Rinne fast bis zur Dicke der Eisstärke tief ausgehauen worden ist, doch völlig durchgehauen darf die Eisdecke nicht werden, weil sonst das Wasser in die Rinne tritt und das Aushauen dadurch erschwert wird. Damit sich nun die ganze Länge der Rinne, wenn aus Versehen die Eisdecke an einer Stelle ganz durchgehauen werden sollte, nicht mit Wasser anfüllen könne, so müssen in Entfernungen von 10 bis 16 Ellen, Kämme von der Breite der Rinne stehen bleiben.

Die stehen gebliebene Sohle der Rinne, wird, wenn sämmtliche Rinnen ausgeeiset sind, entweder mit dem Eisreutel Fig. 16 und 17. Tab. IV., oder wenn die stehen gelassene Eisstärke an einigen Stellen noch zu stark gelassen worden seyn sollte, um sie mit dem Eisreutel durchstoßen zu können, mit der langen Eisaxt durchgeschlagen, auch kann man bei sehr starckem Eise, bei den Rinnen, welche in gleicher Richtung mit der Strombahn laufen, wie schon erwähnt, zu Durchschneidung der stehen gebliebenen Sohle in den Rinnen, die Eissäge mit Vortheil anwenden.

Die Kämme müssen dann ebenfalls ausgeeiset werden.

§. 116.

Das Aushauen der Querrinnen kann auch oft erspart werden, wenn, nachdem die in gleich breiter Entfernung von einander laufenden Långerinnen gehauen worden sind, in der Linie, welche die Querrinnen erhalten sollen, kleine Löcher gehauen, in diese die §. 18. No. 16. erwähnten eisernen Keile eingesetzt und mit hölzernen Schlägeln zu gleicher Zeit eingetrieben werden, wodurch die Tafel losgesprengt wird. Das Lossprengen wird noch dadurch befördert, wenn in durch das Eis gehauene Löcher lange Wuchtbäume, an welchen am obern Ende Leinen zum Ziehen angebracht sind, eingesetzt werden, und während des Eintreibens der Keile, damit gewuchtet wird.

Die Löcher zu den Keilen müssen nach Verhältniß der Eisstärke in Entfernungen von etwa 3 bis 6 Ellen von einander eingehauen werden.

Bei dieser Veranstaltung ist jedoch nothwendig, daß am Ende der Aufeisung ein eisfreier Raum gebildet wird, in welchen die losgemachten Eistafeln ein Stück hinabtreiben können, um das Lossprengen der übrigen Tafeln nicht zu verhindern.

Die Arbeit des Lossprengens muß dann von dem eisfreien Raume stromaufwärts unternommen werden.

Diese Verfahrungsart ist besonders da mit Vortheil anwendbar, wo unterhalb einer Aufeisung eine Schluft ganz von Eise frei geblieben ist, in welche die losgemachten Eistafeln hinabgeflößt werden können.

§. 117.

Man findet auch zuweilen, besonders unterhalb der Brücken, das Strombette unter der Eisdecke mit Schlicker- oder Schneeeis und Grundeis völlig verstopft, so daß an dergleichen Stellen der Zug des Wassers ganz gehemmt ist. Daß Schlicker- und Grundeis sich unter der festen Eisdecke befindet, davon kann man sich dadurch überzeugen, wenn man eine weite Oeffnung in die Eisdecke hauen und ganz vom Eise befreien läßt, in diese Oeffnung aber eine Stange so tief hineinstößt, als man vermag. Muß nun diese Stange mit einiger Gewalt eingetrieben werden, und bleibt sie auch in der Oeffnung senkrecht stehen, ohne eine schiefe Steigung stromaufwärts anzunehmen, oder unter die Eisdecke hinabgezogen zu werden, so kann man versichert seyn, daß Schlickereis daselbst vorhanden sey.

Soll nun eine dergleichen Stelle von diesem oft sehr nachtheiligen Schlicker- Schnee- und Grund-Eise gereinigt werden, so muß man die darüber befindliche Eisdecke ganz wegschaffen. Ist dieß geschehen, so erhebt sich jenes Eis gewöhnlich, zuweilen mehrere Ellen hoch über die Wasserfläche, und es wird dann von Arbeitern, welche mehrentheils diese Arbeit aus Kähnen verrichten müssen, zertheilet und weggeschafft.

§. 118.

Tritt während der Zeit, daß eine Aufeisung veranstaltet wird, von neuem Frost ein, so muß jeden Abend und jeden Morgen das, in den aufgeeiseten Rinnen, neu entstandene Eis mittelst der Eisreutel zertrümmert, und mit Schaufeln die Eisstücke so viel möglich aus den Rinnen geschafft werden, weil sonst bei lang und stark anhaltendem Froste die auf die Aufeisung verwendete Arbeit ganz vergeblich seyn würde. Wo in die Eisdecke Schnitte mit der Säge gemacht worden sind, muß aber der Schnitt eben so erneuert werden, was bei dem neu entstandenen noch dünnen Eise ohne große Anstrengung und Zeitaufwand geschehen kann.

Zweiter Abschnitt.

Vorkehrungen auf den Dämmen, und an den Schleusen.

§. 119.

Alle Ueberfahrten und Uebertrifften an den Dämmen, müssen in gleicher Höhe mit dem anliegenden Theile des Dammes von guter Dammerde, nach dem Profile, welches der Damm hat, verdämmt werden, wobei die Erde lagenweise, so fest als möglich zu rammen ist. Im Nothfall können aber auch dergleichen Stellen gegen den Ueberstuкz des Wassers durch hinreichend hohe und starke Aufkastungen vermehrt werden.

Zu Erbauung dieser Aufkastungen wird Cap. VIII. §. 173 bis mit §. 176. nähere Anweisung ertheilet.

§. 120.

Alle Gegenſtände, welche das ungehinderte Fortkommen auf dem Damme unmöglich machen oder auch nur beſchränken, müſſen weggeräumt werden. So ſind z. B. die Schlagbäume zu öffnen, und etwa auf dem Damme befindliche Vermachungen wegzunehmen.

§. 121.

Die Dammſchleuſen müſſen von Schlamm, Sand und Unrath gereinigt werden. Dieß iſt vorzüglich an denjenigen Stellen nothwendig, wo die Schütztafeln aufſitzen, ſo wie auch bei den Falzen, in welchen ſie auf und nieder gezogen werden, damit ſie feſt auf der Schleuſenſohle, ohne den geringſten Zwiſchenraum aufſtehen und die Seiten derſelben in den Falzen feſt anſchließen können.

§. 122.

Befinden ſich in einer Schleuſe doppelte Schutztafeln in geringem Abſtande von einander, ſo iſt der Zwiſchenraum innerhalb derſelben mit Strohdünger vollzufüllen, und dabei Lagenweiſe möglichſt feſt zu ſtampfen, auch iſt es von Nutzen, dieſe Ausfüllung mit Steinen zu belaſten.

Iſt aber in der Schleuſe nur eine einfache Schutztafel vorhanden, ſo iſt außerhalb derſelben ein Vordamm von Strohdünger anzubringen, der bei einer Elle oberer Breite, ein bis ein und ein halbfache Böſchungsanlage erhält.

§. 123.

Sind die Falze in den Schleusenwänden, oder die Flügelwände der Schleuse, oder ist auch selbst die Schleusenkammer von so schlechter Beschaffenheit, daß man befürchten muß, das Wasser könne in die Schleuse eindringen, und hat die Verbesserung derselben nicht noch in Zeiten vor Eintritt des Frostes gehörig vollführet werden können, so ist, um das Eindringen des Wassers durch die Schleuse so viel möglich zu verhüten, anzurathen, außen um die Schleuse herum eine Aufkastung von Bretern, die ihre Befestigung zwischen Pfählen erhalten, anzubringen, und den Raum zwischen den Bretern mit Strohdünger auszufüllen. Ober und unterhalb der Schleuse muß diese Abdämmung an die Dammböschung anschließen, und sie kann auf der Seite nach dem Damm zu, steil angelegt werden, gegen den Strom zu muß dieselbe aber Absätze erhalten, und zwar in der Art, daß jeder, 1 Elle hohe Absatz, $\frac{3}{4}$ bis 1 Elle mehrere Breite erhält, oder um so viel vor dem zunächst höher gelegenen hervortritt.

Während der Aufsetzung der Breter wird der Raum zwischen denselben Lagenweise mit Strohdünger ausgefüllt, und jede Lage festgestampft.

Können Steine erhalten werden, so trägt es zur mehrern Festigkeit einer dergleichen Abdämmung bei, wenn die obere Fläche derselben, und der Absätze 1 Elle hoch mit denselben belastet wird.

§. 124.

Ferner ist nothwendig, zu untersuchen, ob von den Damminteressenten die zu Erhaltung eines Dammes erforderlichen Materialien und Baugeräthschaften theils in hinreichender Menge, theils von guter Beschaffenheit, angeschafft und in die Nähe des Dammes gebracht worden sind.

Alles etwa noch Ermangelnde muß dann, ohne den geringsten Verzug, nachgeliefert und alles Unbrauchbare durch brauchbares ersetzt werden. Auch ist eine zweckmäßige Vertheilung des Materiales und der Baugeräthschaften auf dem Damme zu veranstalten. Noch müssen die Dammwachhütten an den dazu bestimmten Stellen errichtet werden, in so fern nicht feststehende Dammwachhäuser vorhanden sind.

§. 125.

Endlich muß in dem Gehöfte eines jeden Damminteressenten ein Wagen mit Strohdünger beladen, und bei dem wirklichen Eintritt der Stromergießung oder des Eisaufbruches, die zur Abfuhre desselben an die Dammstelle, wo deren Gebrauch zu machen nothwendig wird, erforderliche Bespannung in steter Bereitschaft gehalten werden.

Nach erfolgter Abfuhre dieses Wagens ist dann jedesmal so fort ein anderer Wagen mit Strohdünger zu gleichem Behufe wieder zu beladen, auch, wenn es seyn kann, frische Bespannung dazu in Bereitschaft zu halten.

Um Unordnungen bei der Abfuhre und dadurch entstehende, oft sehr nachtheilige Versäumniß zu verhüten, muß vorher bestimmt werden, nach welcher Reihefolge die Abfuhre erfolgen solle.

Siebentes Capitel.

Von der Dammwache.

§. 126.

In Zeiten, ehe noch der Aufbruch des Eises oder der Eintritt einer Stromergießung zu besorgen ist, muß auf Einrichtung der Dammwachen Bedacht genommen werden.

§. 127.

Die Zahl der anzustellenden Dammwächter richtet sich theils nach der mehr oder minder eintretenden Gefahr, theils nach der Anzahl der Wachposten, die nach der Länge des zu erhaltenden Dammes auszumitteln ist. In letzterer Hinsicht finden folgende Bestimmungen statt.

Die Länge des Bezirks, den ein Dammwachposten zu besorgen hat, darf nur so groß angenommen werden, daß die Wachmannschaften denselben aller viertel Stunden hin und zurück begehen können.

§. 128.

Sobald sich nach Eintritt des Thauwetters in der Eisdecke Löcher zeigen, die Ränder derselben mit Wasser bedeckt werden, und überhaupt wahrscheinlich wird, daß das Eis zum Aufbruche kommen könne, oder wenn das Wasser stark zu wachsen anfängt, so werden bei jedem Dammwachposten 2 Mann angestellt, von denen aller halben Stunden 1 Mann von der in der Mitte des Bezirkes befindlichen Wachhütte einmal nach dem einen Ende, das anderemal nach dem entgegengesetzten Ende des Bezirkes, gehet. Hierbei nähert er sich auch nach Befinden dem Flusse, um sich von denen ereignenden Veränderungen der Eisdecke und des Wasserstandes zu unterrichten, und wenn etwas Merkwürdiges sich ereignet hat, sofort hierüber Anzeige an den Damm-Aufseher zu erstatten.

§. 129.

Wenn der Aufbruch des Eises erfolgt ist, oder das Wasser die Ufer überstiegen hat, und sich dem Fuße des Dammes unmittelbar nähert, jedoch noch keine Gefahr zu besorgen ist, so muß die doppelte Dammwache, welche aus 4 Mann bestehet, angestellt werden. Von dieser Dammwache lösen sich stets 2 und 2 Mann in der §. 128. bestimmten Zeitfrist beim Begehen des Dammes von der Wachhütte bis zu den Endpunkten des Bezirks ab. Ein Mann geht nämlich von der Wachhütte nach dem Ende des Bezirkes, der andere aber nach der entgegengesetzten Richtung, die andern beiden Mann bleiben aber in der Wachhütte. Kommen nun erstere zurück, so gehen die in der Wachhütte zurückgebliebenen ebenfalls nach den entgegengesetzten

Richtungen bis zur Grenze des Bezirks, die zurückgekehrten zwei Mann bleiben aber in der Wachhütte. In dieser Art wird das Begehen des Dammes ununterbrochen fortgesetzt.

§. 130.

Wird der Fuß und ein Theil der Böschung des Dammes bei fernerm Anwachsen des Wassers von demselben bespühlt, und hält der Wasserwuchs an, so müssen 8 Mann zur Dammwache in jedem Bezirke antreten. Von diesen acht Mann gehen immer zu gleicher Zeit zwei und zwei Mann von der Wachhütte in entgegengesetzten Richtungen bis zur Grenze des Bezirks, und kehren dann zur Wachhütte zurück, vier Mann bleiben aber in der Wachhütte zurück, um nöthigen Falls zur Unterstützung bei vorfallenden Notharbeiten gebraucht werden zu können. Nach erfolgter Rückkehr der erstern, begehen die in der Wachhütte zurückgebliebenen vier Mann den Damm in eben der Art, und so ununterbrochen abwechselnd fort.

Zum Begehen des Dammes sind, wenn schon Gefahr für den Damm eintreten kann, jedesmal zwei Mann erforderlich, damit einer von denselben, wenn Beschädigungen wahrgenommen werden, zu deren Wiederherstellung zwei Mann nicht hinreichend sind, ungesäumt zu Herbeiholung der in der Wachhütte zurückgebliebenen vier Mann oder nach Befinden zu Bestellung noch mehrerer Mannschaften abgesendet werden kann, während dessen der andere dem entstandenen Schaden sogleich in seiner ersten Entstehung bestmöglichst vorzubeugen sucht.

§. 131.

Dieses Patrouilliren geschieht, wie schon erwähnt, anfänglich, wenn noch keine erhebliche Gefahr zu besorgen ist, nur aller halben Stunden, bei höher ansteigendem Wasser oder bei stürmischer Witterung aber aller viertel Stunden.

§. 132.

Bei sehr hoch ansteigendem Wasser, und wenn dasselbe fast die Höhe des Dammes erreicht, sind 12 bis 16 Mann bei jedem Dammwachposten anzustellen, theils damit auf jeder Seite der Wachhütte nach dem Ende des Bezirks noch eine Patrouille abgesendet werden kann, ehe die vorher abgegangene zur Wachhütte zurückgekehrt ist, und zwar dann, wenn man annehmen kann, daß sie das Ende des Bezirks erreicht haben werde, theils und vorzüglich, um bei entstehenden Beschädigungen sogleich Arbeiter in Bereitschaft und hierzu einen Theil der Dammwache disponibel zu haben.

§. 133.

Jeder Dammwächter bleibt 8 Stunden auf dem Damme. Bei dem Ablösen der Dammwache ist aber darauf zu sehen, daß, wenn acht oder zwölf Mann angestellt werden, die Hälfte der Dammwächter von der ersten Anstellung auf dem Damme bleiben muß. Dieß ist deswegen nothwendig, damit dann allemal ein Mann von der alten Dammwache und einer von der neu angetretenen, den Damm begehen, und ersterer dem letztern alles dasjenige, was er zu beobachten hat, auch alle die Stellen, bei denen besondere Aufmerksamkeit nothwendig ist, nachweisen könne.

So lange daher nur zwei und vier Mann zur Dammwache nöthig sind, so wird aller 8 Stunden abgelöst, z. B. früh um 4 Uhr, Mittags 12 Uhr und Abends 8 Uhr. Wenn aber die Anstellung von 8 oder 16 Mann zur Dammwache nothwendig wird, so erfolgt die Ablösung von der Hälfte der Mannschaft aller 4 Stunden, wobei jeder Mann ebenfalls 8 Stunden auf der Wache bleibt, z. B. die erste Hälfte der Mannschaft früh um 4 Uhr; Mittags 12 Uhr; Abends 8 Uhr u. s. f. Die andere Hälfte der Mannschaft aber früh 8 Uhr; Nachmittags 4 Uhr; Nachts 12 Uhr u. s. f.

Die Dammwache darf weder ganz noch theilweise den ihr angewiesenen Posten unter irgend einem Vorwande vor erfolgter Ablösung durch andere Mannschaften, oder Entlassung durch den Dammaufseher verlassen.

§. 134.

In welcher Art die Dammwächter zu patrouilliren haben, wird sich am anschaulichsten durch ein Beispiel erläutern lassen.

Es wird hierbei angenommen, daß die in der Mitte jeden Bezirks errichteten Wachhütten eine viertel Stunde von einander entfernt liegen.

Diese Wachhütten sind in Fig. 28. Tab. X mit

A, B, C u. s. f. und die zwischen den Wachhütten befindlichen Grenzen der Bezirke, mit I, II, III, IV, u. s. f. bezeichnet worden.

Die in jeder Wachhütte befindlichen Mannschaften werden, wenn sie aus vier oder acht Mann bestehen, in vier Parthien abgetheilet, und durch jede Abtheilung durch eine Nummer, nämlich 1, 2, 3, 4 bezeichnet, so daß bei einem Dammwachposten von vier Mann, jedesmal ein Mann, von acht Mann aber stets zwei Mann den Damm begehen.

Die mit No. 1 bezeichnete Abtheilung der Mannschaft geht nun z. B. von der Wachhütte B bis zu der Grenze des Bezirkes bei II, und nachdem sie entweder die aus der Wachhütte A zu gleicher Zeit abgegangene Patrouille daselbst angetroffen, oder das von ihr zurückgelassene Zeichen an sich genommen, oder auch, wenn noch kein dergleichen Zeichen vorgefunden wird, eines zurückgelassen hat, so kehrt sie zur Wachhütte B zurück.

Die Abtheilung der Mannschaft No. 2 geht zu gleicher Zeit mit No. 1 von der Wachhütte B nach der Grenze des Bezirks bei III ab, und beobachtet übrigens dabei das nämliche, wie No. 1.

Die Abtheilungen No. 3 und 4 bleiben unterdessen in der Wachhütte zurück. Nach Zurückkunft der Abtheilungen No. 1 und No. 2 bei der Wachhütte B geht die Abtheilung No. 3 nach II, und No. 4 nach III in der zum Patrouilliren von dem Damm-Aufseher nach Beschaffenheit der Umstände bestimmten Zeitfrist, ab, beobachten dabei das nämliche wie No. 1 und 2 und kehren dann nach der Wachhütte zurück.

Bei Fortsetzung des Patrouillirens wird in eben der Art verfahren, und die Abtheilungen No. 1 und No. 2 lösen sich dabei stets mit No. 3 und No. 4 ab. Wird das Patrouilliren aller viertel Stunden oder überhaupt in kurzen Zeiträumen, nothwendig, und bestehet dann ein Dammwachposten aus 16 Mann, so wird derselbe in 8 Parthien, jede von 2 Mann abgetheilt.

No. 1 geht von der Wachhütte B nach II, No. 2 aber nach III. Wenn hierauf No. 1 und 2 bei II und III angelangt seyn kann, so gehet No. 3 nach II und No. 4 nach III ab. Beide Patrouillen, nämlich No. 1 und No. 3, ingleichen No. 2 und No. 4 werden sich dann in der Mitte zwischen der Wachhütte B und den Enden des Bezirkes II und III bei x und y begegnen.

Bei dem Eintreffen von No. 1 und No. 2 an der Wachhütte B gehet No. 5 nach II und No. 6 nach III ab, und diese treffen mit No. 3 und 4 auf ihrem Rückwege zur Wachhütte bei x und y zusammen. Wenn No. 5 und No. 6 bei II und III eingetroffen seyn kann, und No. 3 und No. 4 zu gleicher Zeit, bei der Wachhütte B angelangt sind, so gehet No. 7 nach II und No. 8 nach III ab. No. 5 wird hierauf mit No. 7 und No. 6 mit No. 8. bei x und y zusammentreffen. Kann endlich No. 7 bei II und No. 8 bei III eingetroffen seyn, und ist No. 5 und No. 6 bei der Wachhütte B wieder angekommen, so geht No. 1 abermals nach II, und No. 2 nach III ab, und es wird in dieser Art so fortgefahren, daß allemal, wenn eine Patrouille bei der Wachhütte B eingetroffen ist, das darauf folgende dritte Paar Nummern nach entgegengesetzten Richtungen wieder abgeht.

In der Wachhütte sind dann stets acht Mann anwesend.

Eben so wird bei allen andern Wachposten, z. B. bei A, C, u. s. f. verfahren.

§. 135.

Sobald es nothwendig wird, die Dammwachen anzulegen, haben die Damm-Aufseher die Grenzen der Bezirke der Dammwachposten durch fest eingeschlagene Pfähle zu bezeichnen. Ferner vertheilen dieselben an jeden Dammwachposten Zeichen, welche mit Nummern der Abtheilungen der Dammwache und mit der Bezeichnung des Wachpostens versehen sind, aus. Von diesen Zeichen läßt jede Patrouille eines — nach der Reihefolge der darauf befindlichen Nummern — bei dem Eintreffen an dem Grenzpfahle ihres Bezirkes zurück, welches die Patrouille des nächstgelegenen Bezirkes bei ihrem Eintreffen am Grenzpfahle an sich nimmt, dafür aber ein anderes Zeichen daselbst zurück läßt.

Diese Zeichen werden von Zeit zu Zeit an den Damm-Aufseher abgeliefert, damit derselbe sich überzeugen könne, ob die Begehung des Dammes gehörig verrichtet worden sey, und die Abtheilungen der Dammwachposten wirklich jedesmal bis zur Grenze ihres Bezirkes gegangen sind.

§. 136.

Treffen die Abtheilungen eines Dammwachpostens, die Abtheilung des nächsten Dammwachpostens bei dem Grenzpfahle nicht an, finden auch kein von letzterer zurückgelassenes Zeichen, so haben sie dieß sofort nach ihrer Zurückkunft bei der Wachhütte dem Damm-Aufseher zu melden, damit dieser untersuchen könne, an wem die Schuld liege und was die Ursache sey, warum jener Dammwachposten seine Schuldigkeit nicht beobachtet habe.

§. 137.

Die Abtheilungen eines Dammwachpostens müssen mit eisernen Schippen oder Spaten und einer Hacke, überdieß noch des Nachts mit einer Laterne versehen seyn.

Ein Mann gehet sowohl auf dem Hin- als Rück-Wege auf der Dammkappe, um zu beobachten ob nichts vom Wellenschlag, oder Ueberlauf des Wassers zu befürchten sey, oder Senkungen oder Risse, sowohl auf der Kappe als auch auf der vordern Dammböschung entstanden sind, wobei er zugleich aufmersam auf das Steigen oder Fallen des Wassers ist. Der andere aber gehet sowohl hin als auch zurück am inwendigen Fuße des Dammes hin, um wahrzunehmen, ob sich an der hintern Seite des Dammes Quellen, Absinkungen oder andere schadhafte Stellen zeigen.

Sobald irgend etwas wahrgenommen wird, wodurch die Haltbarkeit des Dammes gefährtet werden kann, so begiebt sich ein Mann ungesäumt zum nächsten Damm-Aufseher, um ihm davon Nachricht mitzutheilen, der andere sucht aber unterdessen der Vergrößerung des Schadens bestmöglichst vorzubeugen.

Sobald aber die zu Verbesserung der entstandenen Beschädigung erforderlichen Arbeiter eingetroffen sind, so setzen die beiden Dammwächter das Begehen und Untersuchen des übrigen Theils vom Damme innerhalb ihres Bezirkes fort.

§. 138.

Jeder Damm-Aufseher, der die Aufsicht bei der Dammwache zu besorgen hat, muß bei Tag und bei Nacht von Zeit zu Zeit die Runde durch alle ihm untergebene Dammwachposten machen, und dabei genau untersuchen, ob die Dammwachen allenthalben ihre Schuldigkeit thun.

Hat der Damm-Aufseher Ursache zu vermuthen, daß die Dammwachen des Nachts nicht aufmerksam genug sind, und das Patrouilliren vernachläßigen, so muß er die Patrouillen in einiger Entfernung beobachten und ihnen ohne Laterne nachgehen. Auch hat der Damm-Aufseher von Zeit zu Zeit die Beschaffenheit des Dammes genau selbst zu untersuchen, und sich nicht lediglich auf die Meldungen der Dammwache zu verlassen.

§. 139.

Wenn bei eintretender Gefahr bei einer Dammstelle, von der Dammwache so lange Mannschaften zur Arbeit entnommen werden müßten, bis eine hinreichende Anzahl Arbeiter eingetroffen ist, so darf dazu jedoch nicht die ganze Dammwache verwendet werden, damit der übrige Theil des Dammes nicht unbeobachtet bleibe, sondern das Patrouilliren demohnerachtet unausgesetzt fortgestellt werde, wenn auch, so lange, bis andere Arbeiter erlangt werden können, unter den Abtheilungen des Dammwachpostens keine Ablösung statt finden kann, oder die Wachposten geschwächt werden müssen.

§. 140.

Die Einstellung der Dammwache, und die Entlassung der Dammwächter darf nicht eher erfolgen, als bis sie von der Baubehörde angeordnet worden ist.

Achtes Capitel.

Ueber die, bei Hochgewässern und Eisgängen einem Damme drohenden Gefahren und die zweckmäßigste Art, ihnen zu begegnen.

§. 141.

Bei heftigem Winde wird die äußere Dammböschung bei hohen Wasserständen von den darauf hinrollenden Wellen, oder durch den sogenannten Wellenschlag oft sehr beschädigt, und es müssen daher dagegen Vorkehrungen getroffen werden, weil sonst bei starkem und anhaltendem Wellenschlage der Damm durch die verwüstende Gewalt der Wellen so angegriffen wird, daß ein Durchbruch des Dammes erfolgen kann.

§. 142.

Bei einem neu erbauten Damme, dessen Böschung noch nicht mit Rasen bedeckt ist, oder auch bei Dämmen, an denen die Rasenoberfläche der Böschung durch irgend ein Ereigniß sehr beschädiget worden ist, thut man, um sie gegen die nachtheiligen Folgen des Wellenschlages sicher zu stellen, wohl, noch vor Eintritt der Stromergießung und des Eisganges die äußere Dammböschung mit einer Spreitlage von Faschinenreißig zu belegen, und diese durch Flechtzäune zu befestigen, auch mit Erdboden zu bedecken.

Diese Vorkehrung ist besonders dann nothwendig, wenn ein Damm längs einer einwärts gebogenen Stromkrümmung hinläuft, weil der Andrang des Eises bei hohen Wasserständen in dem größten Einbug der Krümmung und bis in einige Entfernung unterhalb desselben auf den Damm gewöhnlich so heftig ist, daß die Rasendecke der äußern Dammböschung wenn sie nicht im guten Stande ist, dadurch vollends zerstöret wird, auch dringen dann die Eisschollen zuweilen tief in den Damm ein und setzen ihn dadurch in Gefahr.

§. 143.

Zu den Spreitlagen nimmt man kiefernes oder tannenes Reisholz, an dem jedoch die Nadeln noch grün und frisch seyn müssen, dagegen weiden-

pappeln und anderes Laubholz in Ermanglung der erstgenannten Holzsorten zwar ebenfalls hierzu brauchbar ist, doch decken und sichern letztere Holzsorten die Dammböschung weniger, da sie zu der Zeit, wenn sie zu diesem Behufe verwendet werden sollen, d. h. bei einem bevorstehenden Eisgange von den Blättern entblößt sind, was dagegen bei den Nadelhölzern nicht der Fall ist. Während eines eintretenden Sommerwassers kann man sich jedoch der Laubholzfaschinen ebenfalls mit Nutzen bedienen. Das Reisholz zu einer Spreitlage darf nicht aus starken Holzästen bestehen, sondern aus Reisern, deren Durchmesser am Stammende nur 1 Zoll höchstens $1\frac{1}{2}$ Zoll beträgt.

Dieses Reisholz wird auf der Dammböschung etwa 6 Zoll, wo aber der Andrang des Wassers, Wellenschlages oder Eises sehr heftig ist, bis 12 Zoll hoch aufgebreitet, und zwar so, daß die Spitzen des Reißigs nach dem Fuße der Böschung zu liegen kommen. Bei dem Aufbreiten der Reiser hat man ferner darauf zu sehen, daß nicht alle Sturzenden in eine Reihe zu liegen kommen, und daß diese stets von den Spitzen der weiter oberhalb aufgebrachten Lagen völlig bedeckt werden; es muß daher zu Erreichung dieses Zwecks die Arbeit von unten angefangen und nach dem obern Rande der Dammböschung fortgesetzt werden. Die Reiser müssen ferner auf der Dammböschung dicht neben einander und alle unter sich gleichlaufend gelegt werden, doch so, daß sie mit der Linie der Dammkappe keine rechtwinklige Lage von der obern Kante nach dem Fuße der Böschung, sondern eine schräge Richtung mit derselben erhalten, und zwar in der Art, daß die Spitzen der Reiser von der obern Kante der Dammkappe aus, nach dem Fuße der Böschung stromabwärts gerichtet werden. Am untern Ende dieser Spreitlage werden dann zwei Reihen Nätherzäune ab, cd, Fig. 29. Tab. VII. nahe neben einander, an der obern Kante aber nur ein dergleichen Flechtzaun ef gefertiget.

Der zwischen den obern und untern Nätherzäunen liegende Theil der Spreitlage wird hierauf durch, in einer Entfernung von 1 Elle gleich weit von einander laufende Nätherzäune gh, befestigt, welche von dem untern Ende der Spreitlage stromabwärts in schiefer Richtung und ohngefähr unter einem Winkel von 30 Graden mit der Linie der untern Flechtzäune gegen die obere Kante geführet werden. Diese Nätherzäune müssen mit denen am untern und obern Rande der Spreitlage angelegten Nätherzäunen, eine gute Verbindung erhalten.

Bei Verfertigung der Nätherzäune ist folgendes zu beobachten: Nach der Richtungslinie, welche der Flechtzaun erhalten soll, wird eine Reihe $1\frac{1}{2}$ bis 2 Ellen langer, etwa 3 Zoll starker Pfähle, $\frac{3}{4}$ höchstens 1 Elle weit von einander entfernt, durch die Spreitlage, eingeschlagen, so daß der Kopf derselben noch etwa $\frac{3}{4}$ Ellen über der Oberfläche der Spreitlage hervorstehet. Um diese Pfähle werden die weidenen Näthergerten, welche 5 bis 6 und mehr Ellen Länge haben, in schlangenförmigen Linien eingeflochten. Bei dem Einflechten darf aber nicht eine Nåthergerte långs der Pfåhle hin auf einmal, und dann die zweite darůber eingeflochten werden, sondern es muß allemal mit zwei Nåthergerten, von denen das Stammende der einen, an der rechten Seite und das Stammende der andern, an der linken Seite des Pfahles angelegt wird, zugleich der Anfang gemacht werden, und das Einflechten dann in der Art geschehen, daß jede derselben wechselsweise einmal oben und einmal unten zu liegen kommt.

Wenn nun eine Nåthergerte vŏllig eingeflochten ist, so darf das Stammende der folgenden nicht gerade aufgelegt werden, sondern es muß in die kleine Oeffnung, welche sich zwischen einem Pfahle und der bereits eingeflochtenen Nåthergerte befindet, eingesteckt werden.

Ist der Nåtherzaun auf diese Art bis zu etwa 6 Zoll Hŏhe gefertiget, so wird derselbe mit hŏlzernen Schlågeln in der Nåhe der Pfåhle zusammengetrieben, so daß die eingeflochtenen Nåthergerten dicht auf einander zu liegen kommen. Hierauf werden die Pfåhle so tief eingeschlagen, daß sie nur etwa 2 bis $2\frac{1}{2}$ Zoll ůber den Nåtherzaun hervorragen.

Eine dergleichen Spreitlage wird dann 6 bis 8 Zoll hoch mit Erdboden ůberfůllt.

§. 144.

Kŏnnen die zu diesen Flechtzåunen erforderlichen weidenen Nåthergerten nicht erlangt werden, so kann man statt der Nåtherzåune auch Bindwaasen zur

Befestigung der Spreitlage anwenden, und sich zur Festhaltung derselben mit Vortheil, wenigstens abwechselnd der Hackenpfähle oder der durchbohrten, und mit einem Querholz versehenen Pfähle, bedienen, welche verhindern, daß die Bindwaasen nicht von denen Pfählen abgestreift werden können. Im Nothfall sind sogar starke Strohseile hierzu brauchbar.

§. 145.

Sind Bruchsteinhurzeln oder andere Steine von nicht zu geringer Größe in hinreichender Menge vorhanden, so kann man eine dergleichen Spreitlage auch mit denselben zwischen den Nätherzäunen oder Bindwaasen noch überdieß belasten.

§. 146.

In Ermanglung einer hinreichenden Menge von Faschinen, kann man aber auch Stroh etwa 4 bis 6 Zoll hoch auf der Böschung mit den Stoppelenden nach der Dammkappe zugekehret, ausbreiten. Mit Aufbreitung der Strohlage macht man dann so weit unten auf der Böschung den Anfang, als sie des Schutzes gegen den Wellenschlag bedarf, mit der folgenden Lage bedeckt man dann die Stoppelenden der ersten Lage etwa 1 Elle breit, und fährt dann mit Aufbringung von Strohlagen in eben der Art so lange fort, bis man mit denselben die Dammkappe erreicht hat.

Die Strohlagen werden durch Bindwaasen, und wenn auch diese nicht zu haben sind, durch Strohseile befestiget. Die Bindwaasen oder Strohseile werden in Entfernungen von 1 Elle von einander gleichlaufend gelegt und durch dieselben aller 1 bis $1\frac{1}{4}$ Elle zur Befestigung derselben, Pfähle geschlagen wozu Hackenpfähle, oder mit Querhölzern versehene Pfähle, besonders bei den Strohseilen zu nehmen sind.

Die Bindwaasen oder Strohseile werden nicht gleichlaufend mit der Dammkappe, sondern in schiefer Richtung auf die Strohbelege aufgelegt, und zwar in der Art, daß sie gegen den Fuß der Dammböschung mehr stromaufwärts, nach der Dammkappe aber mehr stromabwärts zu liegen kommen.

§. 147.

Ist die Dammböschung von Rasen entblößt, bestehet sie aber aus guter und zäher Erde und nicht aus leichtem Sandboden, so kann man eine Strohbedeckung anwenden, wie sie bei Beschützung der an der See gelegenen Dämme gegen den Wellenschlag üblich ist.

Es wird nämlich auf eine dergleichen schadhafte Dammböschung eine Strohlage von etwa 3 bis 4 Zoll Dicke ausgebreitet und zwar von unten nach oben zu. Alsdann nimmt ein Arbeiter einen gedreheten Strohbüschel von etwa $1\frac{1}{2}$ Elle Länge in seine rechte Hand und legt denselben quer über die Strohlage a b c d Fig. 50. Tab. VII. Mit seiner linken Hand faßt er den sogenannten Krampspaten Fig. 31. und sticht mit dem eisernen Theile desselben g h indem er sich bückt und sich mit dem Unterleibe auf den breiten Knopf i des Krampspatens legt, den Strohbüschel k l Fig. 50. etwa 4 Zoll tief in die Erde und zwar aller 3 bis 4 Zoll. Diese Strohkrampen werden auf $1\frac{1}{2}$ bis 2 Ellen Abstand von einander gelegt und auf die gedachte Weise befestiget.

§. 148.

Auch Seegeltücher oder andere große leinene Tücher, an deren unterm Ende Gewichte angebracht sind; können zur Sicherstellung einer Dammböschung gegen den Windschlag, wenn kein starker Eisgang längs des Dammes hin, statt findet, mit Nutzen angewendet werden.

Man kann sich hierzu besonders eingerichteter Tücher von Leinwand, so wie sie zu Seegeltüchern genommen wird, bedienen und ihre Größe nach Beschaffenheit der Dammböschungen, wo sie angewendet werden sollen von 8 bis 16 Ellen Breite und 10 Ellen Länge, annehmen. An der obern und untern Seite a b und c d Fig. 32. Tab. VII. wird das Tuch mit einem daran befestigten Taue eingefaßt, und an diesen Tauen werden Oehsen e von Tauwerk angebracht, die, der mehrern Haltbarkeit wegen, inwendig mit eisernen, aufwärts gefalzten Ringen Fig. 33 und 34. deren innere Weite x y etwa 3 Zoll beträgt, versehen sind. Die Einrichtung dieser Oehsen mit den eisernen Ringen und deren Befestigung an den Tauen a b und c d Fig. 32. kann aus Fig. 35 und 36. ersehen werden.

An dem obern Taue a b Fig. 32. werden diese Oehsen in Entfernungen von 2 Ellen von einander, bei dem untern Taue c d aber, von $1\frac{1}{2}$ Elle angebracht.

In die Oehsen am untern Taue werden Gewichte k jedes von 30 bis 50, auch wohl noch mehr Pfunden, gehangen. Ein dergleichen Gewicht ist in Fig. 37. besonders dargestellt. Von den Seiten a c und b d 1 Elle entfernt, werden bei p q und r s ebenfalls Taue befestigt und an der einen Seite a c auf alle $1\frac{1}{2}$ Ellen Entfernung an das Tau p q kurze Leinen m gebunden, dagegen an der Seite b d an dem Taue r s kleine Ringe oder Oehsen n angebracht.

Mittelst dieser Einrichtung kann, wenn zur Sicherstellung der Dammböschung, auf eine größere Länge es nothwendig wird, mehrere dergleichen Tücher neben einander legen zu müssen, die Befestigung derselben an einander durch das Anschnüren der Leinen m in die Oehsen n, bewirkt werden, und die Seitenverbindung der Tücher wird dabei um so vollkommener erhalten, da der über das Tau r s 1 Elle breit hervorstehende Theil des Tuches r s d b unter den ebenfalls vor dem Taue p q hervorstehende Theil des Tuches a c q p gelegt werden kann.

Bei Aufbringung dieser Tücher, die besonders bei flachen Böschungen nicht ohne alle Schwierigkeit ist, kommt alles darauf an, daß das Tuch auf der Dammböschung so gleich und eben und ohne alle Hohlungen und Falten, als nur immer möglich ist, mittelst der Gewichte herunter gerollt werde, besonders ist hierbei große Vorsicht während starken Windes nothwendig, damit sich derselbe des Tuches nicht bemächtige und dasselbe fortführe und zerreiße. Es muß daher zu diesem Behufe jedes Tuch, nachdem es nach der Richtung von a nach b möglichst gleich angespannt worden ist, von ab nach cd sehr sorgfältig aufgerollt und dann unten mit den nöthigen Gewichten versehen werden, worauf es acht bis zehn Mann mit möglichster Vorsicht, und wenn es irgend thunlich ist, bei noch niedrigem und ruhigem Wasser, von der Kappe des Dammes hinunter rollen lassen. Auf das obere Ende kann der gleichern Spannung wegen, ein glatter und starker Balcken gelegt werden.

Während des langsamen Herunterrollens wird, wenn mehrere Tücher neben einander gelegt werden müssen, die Seitenverbindung derselben bewirkt.

So wie das untere Ende cd herabrollt, wird, wenn ein ungleiches Abrollen erfolgt, oder sich Falten zeigen, oder die Gewichte auf Unebenheiten der Dammböschung hängen bleiben, mit Bootshacken nachgeholfen, welche zu diesem Behufe in die, am untern Ende cd befindlichen Oehsen oder Ringe eingesetzt werden.

Ist das Tuch einmal glücklich hinunter gebracht, so wird es vom Wasser und Winde fest an die Dammböschung angedrängt.

Sobald das Tuch hinunter gerollt worden ist, wird sogleich durch jeden am obern Taue ab befindlichen Ring e ein Pfahl, und zwar mit seinem obern Ende, nach der hintern Seite der Dammkappe hängend, in die Dammkappe eingeschlagen.

§. 149.

Sind geflochtene Horden in hinlänglicher Menge vorräthig, so kann man durch dieselben sehr schnell eine Dammböschung auf eine lange Strecke, gegen den Wellenschlag sicher stellen.

Die Horden werden durch 1½ bis 2 Ellen lange Pfähle, wobei Hackenpfähle den Vorzug verdienen, auf der Dammböschung, welche sich in Gefahr befindet, vom Wellenschlage beschädigt zu werden, so befestigt, daß ihre untere lange Seite etwa ½ bis ¾ Ellen unter die Oberfläche des Wassers reicht. So wie aber das Wasser bedeutend steigt oder fällt, müssen diese Horden heraufgezogen, oder herunter geschoben, dann aber von neuem durch Pfähle befestigt werden.

§. 150.

Auch kann man, in Ermanglung anderer Hülfsmittel, die Dammböschung durch vorgelegte Faschinen gegen den Wellenschlag schützen. Es wird nämlich Faschine dicht neben Faschine so auf die Dammböschung gelegt, daß die Spitzen der Faschinen nach dem Fuß der Böschung gekehrt werden. Diese Faschinen müssen ½ bis ¾ Ellen bis unter den Wasserspiegel, wenn derselbe ruhig wäre, herabreichen.

Jede derselben wird durch einen, und bei sehr heftigem Windschlag, durch zwei, nahe bei den Faschinenbändern durchgeschlagene Pfähle von 2 bis 2½ Elle Länge, und 3 Zoll Stärke, befestigt. Die Pfähle müssen jedoch so eingeschlagen werden, daß sich die Faschinen an den Pfählen nicht auf und nieder ziehen lassen, weil sie sonst bei heftigem Wellenschlage in Unordnung gerathen und dann die Böschung gegen den Andrang der Wellen nicht hinlänglich beschützen können. Man gebraucht hierzu entweder Hackenpfähle, oder schlägt, in deren Ermanglung, die Pfähle nach der hintern Seite der Dammkappe zu, überhängend ein.

Bei höher ansteigendem, oder wieder fallendem Wasser, müssen die Faschinen bei anhaltendem Wellenschlage auf der Böschung mehr herauf- oder herunter gezogen und dann wieder durch Pfähle befestigt werden.

Faschinen von Nadelholz mit noch frischen und grünen, nicht aber trockenen Nadeln, sind hierzu am vorzüglichsten und tauglichsten.

§. 151.

Sind durch den Wellenschlag bereits Löcher und Einrisse auf der Dammböschung verursacht worden, so müssen diese zuvor mit Dünger, Stroh oder Heu ausgefüllt werden, ehe eine von denen eben beschriebenen Vorkehrungen zur Sicherstellung der Dammböschung angewendet werden kann, damit die dazu gebrauchten Faschinen, Stroh, Horden oder Tücher nicht hohl, sondern überall unmittelbar und fest auf der Dammböschung aufzuliegen kommen.

§. 152.

Können starke Baumstämme erhalten und in der Form eines Floßes mit einander verbunden werden, so leisten diese, wenn sie vor der durch Windschlag bedrohten Stelle der Dammböschung gelegt und befestigt werden, ebenfalls gegen die zerstörende Wirkung des Wellenschlages, sehr gute Dienste.

§. 153.

Vor Dämmen, an welchen kein starker Stromzug vorhanden ist, wird durch den Wind, wenn er gegen den Damm zu stehet, oft eine Menge kleines Holz, Schilf, und anderes Treibzeug geführt, und nicht selten bedeckt dieses die Oberfläche des Wassers vor dem Damme auf eine beträchtliche Breite.

Dieses Treibzeug muß man sorgfältig zu erhalten suchen, denn es verhindert das hohe Aufsteigen der Wellen und gewähret dadurch einen sehr guten Schutz gegen den Wellenschlag.

§. 154.

Wenn sich auf der inwendigen Dammböschung oder an dem Fuße des Dammes, während eines vor dem Damme befindlichen hohen Wasserstandes, durch denselben quellendes Wasser zeigt, so muß untersucht werden, ob das durchdringende Wasser klar oder trübe und mit Erdtheilen vermischt ist.

§. 155.

Nimmt man ersteres wahr, und dringt keine sehr beträchtliche Wassermenge durch den Damm, so ist davon für den Damm keine erhebliche nachtheilige Folge oder besondere Gefahr zu befürchten, indem dann das Wasser nur durchstauet.

Zuweilen hört eine solche Quelle von selbst wieder auf zu laufen, wenn die Röhre durch das Nachsinken der obern Erde wieder verstopft wird.

§. 156.

Wenn auch eine dergleichen Quelle nicht für gefährlich erachtet wird, so muß man dennoch stete Aufmerksamkeit auf dieselbe haben und dabei beobachten, ob der Wasserzufluß sich nicht vermehre und ob das Wasser klar bleibe.

Auch ist es in diesem Falle rathsam, die Einmündung der Quelle außen auf der Dammböschung gleich im Anfang, wenn noch ein nicht allzuhoher Wasserstand vorhanden ist, anzumerken, damit, wenn späterhin dagegen Vorkehrungen zu treffen nothwendig wird und das Wasser unterdessen höher angewachsen ist, man dann noch leicht ausmitteln könne, in welcher Höhe und an welcher Stelle man die Einmündung der Quelle auf der äußern Dammböschung suchen müsse.

§. 157.

Findet man aber das durchdringende Wasser trübe, so ist dieß, wenn auch die Menge desselben anfänglich nicht groß ist, ein Merkmal, daß das Wasser nicht blos durchseige, sondern wirklich durch den Damm fließe und dann darf man nicht säumen, eiligst die erforderlichen Gegenanstalten zu treffen.

Dieß ist nicht minder nothwendig, wenn das durchdringende Wasser zwar noch hell bleibt, aber doch eine starke Zunahme desselben bemerkbar wird.

§. 158.

Als allgemeine Regel ist bei den zu treffenden Vorkehrungen zu beobachten, daß man, wenn es nur irgend möglich ist, die Oeffnung, durch welche das Wasser in den Damm eindringt, auf der Wasserseite aufsuchen und sie daselbst, nicht aber auf der Landseite zu verstopfen bemühet seyn müsse, weil das Stopfmateriale dann vom Wasser selbst in die Oeffnung hineingedrängt wird, dagegen, bei Verstopfung der Oeffnung auf der inwendigen Dammseite, das in dem Damme zurückgehaltene Wasser mit Gewalt das zur Ausfüllung der Ausflußöffnung angewendete Materiale, aus derselben heraus zu drängen strebt. Auch sucht das Wasser, welches bei Verstopfung der Ausflußöffnung auf der inwendigen Seite des Dammes, in dem Damm zurückgehalten wird, sich irgendwo einen oder mehrere andere Auswege zu bahnen, was aber bei der Verstopfung auf der auswendigen Dammseite nicht zu besorgen ist.

§. 159.

Man nimmt aber demohnerachtet wahr, daß das Verstopfen der Quellen gewöhnlich auf der inwendigen Dammböschung unternommen wird, indem ein hölzerner, kegelförmig zugespitzter Pfahl, der an seinem hintern Ende einen viel größern Durchmesser hat, als die Größe der Ausflußöffnung beträgt, in die Röhre so tief als möglich, eingetrieben wird, nachdem vorher die Richtung der Röhre mit einem kleinen Stocke untersucht worden ist. Vor das hintere Ende dieses Zapfens wird dann ein anderer Pfahl eingeschlagen, damit derselbe vom Wasser nicht wieder herausgetrieben werden könne.

Dieses Verstopfen und Verkeilen einer Quelle auf der inwendigen Dammböschung hat aber mehrentheils nicht nur keinesweges den erwünschten, sondern sogar oft einen sehr nachtheiligen Erfolg, indem das Wasser, welches demohnerachtet noch innerhalb des Dammes zurückbleibt, durch den Druck des außen, oft hoch über der Ausflußöffnung stehenden Wassers, sich einen andern Ausweg zu bahnen sucht. Dieß ist besonders dann der Fall, wenn die Röhren, durch welche das Wasser durch den Dammkörper fließt, von Maulwurfs- oder Mäuse-Fahrten oder auch von verfaulten Baumwurzeln herrühren, welche oft in sehr verschiedenen Richtungen durch den Damm sich erstrecken. Das in dem Damme zurückgehaltene Wasser verfolgt diese Röhren und sucht mittelst der Seitenröhren sich einen oder mehrere neue Auswege zu bahnen. Daher ereignet es sich öfter, daß statt der verstopften Oeffnung in der Nähe mehrere andere sich zeigen, und man überzeugt sich dann zu spät, daß man durch die Anwendung eines so unzureichenden Mittels das Uebel nur verschlimmert habe.

§. 160.

Eben so nachtheilige Folgen hat das Einrammen von Pfählen, Bretern oder Thüren in der Mitte eines Dammes, bei welchen sich Quellen auf der innern Böschung zeigen, weil das Wasser zwischen den eingerammten Hölzern und der Erde sich durchdrängt.

§. 161.

Das Wasser, welches an der Landseite des Dammes in der halben Höhe desselben oder auch wohl noch niedriger, herausquillt, findet oft auf der Wasserseite wenig unterhalb der Wasserfläche seinen Eingang, weil es, indem es durch den Damm fließt, dem Zuge seiner Schwere folgt. Ist dieß der Fall, so zeigt sich über dem Orte, wo die Einflußöffnung befindlich ist, bei stillem Wetter und wenn keine starke Strömung vorhanden ist, auf der Oberfläche des Wasserspiegels ein kleiner Wirbel, nach welchem man die Stelle der Einmündung von der Quelle leicht auffinden kann. Man darf dann nur das Loch mit der Hand aufsuchen und mit Strohdünger verstopfen lassen.

§. 162.

Kann aber die Einflußöffnung auf diese Art nicht entdeckt werden, so macht man an der Wasserseite in die Dammkappe, der schadhaften Stelle gegenüber, einen etwa 18 Zoll breiten Einschnitt, der sich jedoch nicht bis zur äußern Dammböschung erstrecken darf, so tief und so lang, bis man die Röhre, durch welche das Wasser eindringt, findet, wobei jedoch mit großer Vorsicht verfahren werden muß, damit diese Untersuchung auf die Haltbarkeit des Dammes keinen nachtheiligen Einfluß habe.

Hat man die Röhre aufgefunden, so verstopft man sie nach der Wasserseite mit Strohdünger, füllt den gemachten Einschnitt mit feiner trockener

Dammerde wieder voll und stampft die Ausfüllung möglichst fest.

Bemerkt man dabei, daß die Röhre durch ein in Verwesung übergegangenes Holz, z. B. eine alte Baumwurzel verursacht worden ist, so haut man dasselbe zuvor heraus und verfährt dann auf die oben angewiesene Art.

§. 163.

Oft kann man aber, wenn die Röhren tief in dem Damme liegen, dieselben ohne Nachtheil für die Haltbarkeit des Dammes zu verursachen, durch Aufgrabung der Dammkappe nicht entdecken, und dann sieht man sich genöthigt, die Einmündung der Quelle auf eine andere Art aufzusuchen.

Man bindet, zu Erreichung dieser Absicht, an eine Stange einen Wisch von Strohdünger, den man durch einen daran zugleich mit befestigenden Stein beschwert und fährt damit auf der äußern Dammböschung unter dem Wasser in der Gegend herum, wo man die Einmündung der Quelle vermuthet. Während dieses Verfahrens läßt man auf der innern Dammböschung die Beschaffenheit des durch die Quelle ausfließenden Wassers genau beobachten, und sobald wahrgenommen wird, daß entweder das ausfließende Wasser trüber wird oder wohl gar auszuströmen aufhöret oder doch wenigstens die ausfließende Wassermenge sich bedeutend vermindert, so kann man versichert seyn, daß die Einflußöffnung aufgefunden worden sey.

§. 164.

Man kann sich zu diesem Behufe auch großer leinener Tücher, wie z. B. diejenigen sind, auf denen der Rübsamen ausgedroschen wird, oder auch eines kleinen Seegeltuches bedienen, an welchem man an zwei Ecken Stangen befestigt, mittelst welcher das Seegeltuch oder ein anderes leinenes Tuch, dicht auf der äußern Dammböschung herunter geschoben wird.

Ist die Böschung aber sehr eben, so kann man auch statt des Seegeltuches oder andern Tuches mit Steinen beschwerte Breter nehmen und diese ebenfalls dicht auf der Böschung auf und nieder schieben.

§. 165.

Um die Stelle, welche durch obige Verfahrungsarten als die Einmündung des auf der Wasserseite in den Damm eindringenden Wassers, aufgefunden worden ist, schlägt man nun in einem Halbzirkel nach Verhältniß der Wassertiefe über der Böschung, hinlänglich lange Pfähle, in einem Abstande von 1 höchstens 1½ Elle von einander, ein, senkt innerhalb derselben Bindwaasen und im Nothfall, wenn diese nicht sogleich zu erlangen seyn sollten, Faschinen ab und füllt den dadurch eingeschloßenen Raum unmittelbar an den Bindwaasen oder Faschinen, so wie auch auf der Dammböschung, mit Strohdünger aus, auf welchen man dann Erde schüttet, bis der übrige eingeschloßene Raum damit völlig ausgefüllt worden ist. Durch diese, auf der Außenseite des Dammes angebrachte Ausfüllung, wird, wenn dabei richtig verfahren worden ist, die Einflußöffnung vollkommen verstopft, weil diese die Einmündung der Röhre um so fester verschließt, je stärker sie von dem Wasser auf die Dammböschung gedrückt wird.

§. 166.

Befinden sich mehrere dergleichen Einmündungen von Quellen in keiner allzugroßen Entfernung von einander, so schlägt man mit der Dammlinie gleichlaufend und in einem solchen Abstande von der Kante der Dammkappe, daß die sämmtlichen Einmündungen noch innerhalb der Pfahllinie und den daran zu legenden Bindwaasen oder Faschinen zu liegen kommen, eine Reihe Pfähle ein, welche man an beiden Enden nach der Dammkappe heranzieht, und verfährt dann übrigens nach der bereits ertheilten Anweisung.

§. 167.

Gleichzeitig mit dem Verstopfen der Quellen von außen, kann man jedoch auch mit Nutzen die Quellen auf der innern Dammböschung mit Strohdünger, Erbsenstroh, fetter Gartenerde oder Rasen verschließen und der mehrern Festigkeit halber, noch eine, gehörig befestigte Faschinenlage darüber anbringen, um das, bei einer unvollkommenen Verstopfung auf der äußern Seite etwa noch durchdringende Wasser jedenfalls unschädlich zu machen.

Nur dann aber, wenn jeder Versuch, die Quellen von außen aufzufinden und zu verstopfen, mißlingt, mag man seine Zuflucht zu dem Verschließen derselben bloß auf der innern Dammböschung nehmen, und in folgenden Fällen davon einigen Vortheil hoffen.

§. 168.

Bisweilen gehet eine Quelle, besonders wenn sie von Maulwurfs- oder Mäuselöchern herrührt, schon in einer beträchtlichen Höhe durch den Damm, dann unterhalb der Rasendecke an der innern Böschung herunter, und öffnet sich nahe gegen den Fuß des Dammes.

In diesem Falle kann es einigen Vortheil gewähren, diese tiefere Ausmündung von innen zu verstopfen und dadurch das Wasser zu nöthigen, seinen Ausweg weiter oberhalb, in der Gegend, wo es durch den Damm gehet, zu nehmen, weil man das, auf der Rasendecke der innern Böschung herabrieselnde Wasser der Quelle, durch Dünger oder Faschinen für den Damm unschädlicher machen kann, als wenn es durch seinen Fall in dem Dammkörper selbst, immer mehr lose Erdtheilchen abspühlet und so nach und nach seine Bahn erweitert.

§. 169.

Besteht der Damm aus guter Kleierde, so kann man auch versuchen, ob sich die Röhre durch starkes Niederrammen der inwendigen Dammböschung verstopfen lasse.

Hört bei Anwendung dieses Mittels die Quelle zu laufen auf, so läßt man so geschwind als möglich, von der besten Kleierde, welche erhalten werden kann, jedoch auf keinen Fall von sandiger Erde, eine starke Lage auffüllen, durch welche zugleich die Ausflußöffnung mit bedeckt werden muß, und so fest als möglich rammen, um dadurch einen Gegendruck zu bewirken.

Bei Dämmen, welche aus leichten und sandigen Erdarten bestehen, ist aber die Anwendung dieses Mittels nicht anzurathen, weil durch das Rammen der Böschung das Uebel nur vergrößert werden würde.

§. 170.

Selten aber wird es möglich seyn, durch einen Anbau auf der inwendigen Dammböschung, oder eine Verstärkung des Dammes daselbst, die gefahrdrohenden Folgen der Quellen abzuwehren. Denn dieß kann nur durch einen, den Druck des äußern Wassers überwiegenden Gegendruck bewirkt werden. Da nun letzteres mit dem ganzen Gewichte seiner Höhe, mithin, wenn es 10 Fuß hoch über der Ausmündung der Quelle stehet, mit einer Kraft von etwa 500 Pfunden auf die Verstopfung der Oeffnung drückt, so ergiebt sich daraus leicht, welche Masse erforderlich ist, um hinreichenden Gegendruck zu gewähren.

Eine solche Dammverstärkung muß, wenn man sie unternimmt, wenigstens nach der Dammseite aus Strohdünger bestehen. Wenn daher ein dergleichen Anbau eine bedeutende Höhe erhalten muß, so würde zu Ausführung desselben eine sehr große

Menge Strohdünger erfordert werden und dennoch verschafft sich das Wasser oft durch einen solchen losen Nothdamm Ausgänge oder sprengt ihn wohl gar. Sieht man sich aber genöthigt, zu einer dergleichen Gegendämmung seine Zuflucht zu nehmen, so ist unerläßlich nothwendig, diese so stark anzulegen, daß die Last des aufzufüllenden Strohdüngers und der Erde, dem durchdringenden Wasser einen hinreichenden Gegendruck entgegen setzen könne.

Hat man große Steine bei der Hand, so können diese mit Vortheil benutzt werden, um die, auf die innere Böschung gebrachte Lage von Strohdünger damit zu belasten. Je weniger sie Zwischenräume unter sich lassen, um so besser ist es und sie werden, wegen ihrer großen specifischen Schwere den beabsichteten Gegendruck um so besser bewirken, da sie nicht, wie die aufzuschüttende Erde, selbst von dem durchdrückenden Wasser durchzogen werden.

§. 171.

Sind Dämme auf sandigem Boden erbauet, und hat man die in diesem Falle zu nehmenden Vorsichtsmaßregeln anzuwenden unterlassen, so sickert oder stauet das Wasser, wenn außerhalb des Dammes ein hoher Wasserstand vorhanden ist, an vielen Stellen durch, und zeigt sich dann oft in ziemlicher Entfernung von dem inwendigen Fuße des Dammes, als zuweilen mehrere Zoll hoch hervorsprudelnde Quellen.

Dieß ereignet sich besonders dann, wenn das Binnenland eine niedrigere Lage, als das Vorland hat, und wenn der Frost vor dem Eintritt eines hohen Wasserstandes bereits aus dem Damme und der Erde ist.

§. 172.

Wenn an dieser Erscheinung blos der unter dem Damme befindliche Sandboden Ursache ist und das Wasser klar herausquillt, so befindet sich der Damm selbst in keiner großen Gefahr. Nimmt man aber wahr, daß durch die Quellen viel Sand mit ausgeworfen wird, so lasse man die Stellen, wo die Quellen sich zeigen, etwa $\frac{1}{2}$ Elle hoch mit Strohdünger bedecken und auf denselben Breter legen, diese aber mit Steinen oder großen Bauhölzern möglichst stark belasten, wodurch dem Auswerfen des Sandes und der dadurch entstehenden Erweiterung der unterirdischen Röhren vorgebeugt werden kann. Zwar läßt sich durch diese Vorkehrung das Durchsickern des Wassers nicht verhindern, dieses hat aber auch auf die Haltbarkeit des Dammes keinen erheblichen nachtheiligen Einfluß, wenn nur der Erweiterung jener Röhren vorgebeugt wird.

In Ermanglung einer hinreichenden Menge Strohdüngers kann man auch Faschinen oder Stroh mit gutem Erdboden überfüllt, zu der aufzubringenden Lage mit verwenden, diese dann ebenfalls mit Bretern belegen und hinlänglich belasten.

Das Ueberfüllen solcher quelligen Stellen blos mit Erde, ist von keinem Nutzen, weil diese in kurzer Zeit völlig zerweicht und zu Schlamm wird, so daß sich dann die Quellen durch denselben einen neuen Ausweg bahnen und den Sand wieder auswerfen können, mithin sich dadurch der oben angegebene Zweck nicht erreichen läßt.

§. 173.

Wenn das Wasser die Höhe des Dammes erreicht und überzuschlagen drohet, oder wenn bei fast gleich hohem Wasserstande mit dem Damme starker Wellenschlag eintritt und der Wind dann die Wellen über die Dammkappe weg bis auf die inwendige Dammböschung wirft, so muß der Damm durch Aufkastungen erhöhet werden, weil sonst bei anhaltendem Ueberschlagen des Wassers über den Damm, oder dem Ueberwerfen der Wellen über die Dammkappe, die inwendige Böschung des Dammes, wenn der Damm nicht fest gefroren oder die Böschung eine sehr feste Rasendecke hat, störet und abgerissen wird. Bei anhaltendem Ueberstursze des Wassers oder Wellenschlage vergrößern sich dann die einmal entstandenen Einrisse und besonders wühlt das überströmende Wasser, durch die reißende Gewalt, mit welcher es von der Dammkappe herabstürzt, am Fuße des Dammes Löcher aus, die sich nach und nach in einen Kölck verwandeln, in welchen die innere Dammböschung absinkt, worauf in kurzer Zeit der Durchbruch des Dammes erfolgt.

§. 174.

Diese Aufkastungen werden von Pfosten, gesäumten $1\frac{1}{4}$ bis $1\frac{1}{2}$ Zoll starken Bretern, 8 bis 12 Zoll starken Bindwaasen, oder von Faschinen, welche sämmtlich durch $1\frac{1}{2}$ bis 2 Ellen lange und 3 Zoll starke Pfähle befestigt und mit guter Dammerde oder Strohdünger verfüllt werden, verfertigt.

§. 175.

Wenn wahrscheinlich ist, daß das Wasser den Damm nur etwa 8 bis 10 Zoll hoch übersteigen werde, und wenn kein starker Andrang des Eises zu besorgen ist auch überdieß der Damm eine solche Lage hat, daß der Wellenschlag nicht heftig auf denselben wirkt, so kann durch einen einfachen Bretaufsatz dem Ueberschlagen des Wassers über den Damm vorgebeugt werden.

§. 176.

Eine dergleichen Aufkastung mittelst eines einfachen Bretaufsatzes wird erhalten, wenn auf die Dammkappe, nachdem diese vorher da, wo die Aufkastung errichtet werden soll, so viel als möglich geebnet worden ist, Pfosten oder Breter in der Art, auf die hohe Kante aufgesetzt und mit Pfählen befestigt werden, daß ihre Enden sich etwa 8 Zoll lang überdecken. Bei dem Zusammenstoßen der Breter muß aber das stromaufwärts gekehrte Ende des Bretes jedesmal hinter dem Ende des oberhalb stehenden Bretes gestellt werden, damit längs der Aufkastung hintreibende Eisschollen das Ende des Bretes nicht fassen und dadurch die Aufkastung nicht zerstören können. An der Stelle, wo sich die Enden der Breter einander überdecken, werden die Breter durch zwei Pfähle, von denen einer inwendig, der andere aber auswendig, so dicht als möglich an der Bretfläche eingeschlagen wird, festgehalten, in der Mitte der Länge von jedem Brete schlägt man aber auf der inwendigen Seite noch einen Pfahl ein, um das Ausbiegen der Breter zu verhindern.

Vor der, nach dem Strome zu gekehrten Seite der Breter wird etwa 6 Zoll hoch gute Dammerde oder besser Strohdünger mit etwa ein und ein halb facher Böschungsanlage vorgefüllt, wobei darauf zu sehen ist, daß die Zwischenräume oder Oeffnungen, welche sich zwischen der Oberfläche der Dammkappe und der untern Bretkante etwa vorfinden, mit Rasen, oder besser mit Strohdünger so dicht als möglich verstopft werden. Die Breter müssen $\frac{1}{2}$ bis $\frac{3}{4}$ Elle, je nachdem es die Breite der Dammkappe gestattet, von der vordern Kante derselben entfernt, aufgestellt werden, damit außerhalb denselben Raum genug zur Verfüllung bleibe. Die Einrichtung einer dergleichen einfachen Bretaufkastung ist Tab. VIII. Fig. 38. ein Grundriß und Fig. 39 und 40. im Profil dargestellt worden.

§. 177.

Gestattet es die Zeit und ist eine hinreichende Menge guter Dammerde, oder Strohdünger vorhanden, so ist es von Nutzen, wenn auch die hintere Seite der Breter damit verfüllt wird. Die punctirten Linien a b und c d Fig. 39 und 40. zeigen diese Einrichtung im Profile.

§. 178.

Sollte aber ein starker Andrang des Eises oder heftiger Wellenschlag gegen den Theil des Dammes, wo aufgekastet werden muß, vorhanden seyn, so muß eine Aufkastung von doppelt neben einander, jedoch in einiger Entfernung von einander, gestellten Bretern, gefertigt werden.

Zu diesem Behufe wird die Dammkappe, so weit die Aufkastung auf dieselbe zu stehen kommen soll, ebenfalls zuvor geebnet und dann werden zwei Bretreihen in einer Entfernung von ½ bis ¾ Ellen von einander in der Art auf die hohe Kante gestellt, und durch Pfähle befestigt, wie hierzu bei der einfachen Bretaufkastung Anweisung ertheilt worden ist.

Der Raum zwischen den Bretreihen wird dann mit guter Dammerde, oder Thon- und Lehm-Erde, oder wenn diese Erdarten nicht erhalten werden können, mit Strohdünger Lagenweise ausgefüllt und festgerammt.

Tab. VIII. Fig. 41. stellt eine dergleichen doppelte Bretaufkastung im Grundrisse, und Fig. 42 und 43. im Profile dar.

§. 179.

Ist die Aufkastung mit einer Brethöhe bei einzelnen zu niedrig gelegenen Theilen des Dammes nicht hinreichend, um das Ueberschlagen des Wassers über den Damm dadurch abwenden zu können, so ist zuvörderst eine Aufkastung von zwei Reihen Bretern, die jedoch 1 Elle von einander entfernt aufgesetzt werden, zu fertigen, damit nach erfolgter Ausfüllung des Raumes zwischen den Bretern, oben darauf noch eine Reihe Breter in der Art, wie dieß bei der einfachen Aufkastung §. 175. angewiesen worden, und aus Fig. 44. Tab. IX. im Grundriß und Fig. 45 und 46. im Profil zu ersehen ist, aufgesetzt und die Verfüllung angebracht werden könne.

Die Pfähle, welche zur Befestigung des obern Bretaufsatzes gebraucht werden, müssen aber eine Länge von wenigstens 2 Ellen erhalten, damit sie durch die Ausfüllung zwischen den Bretern hindurch, fest in die Dammkappe eingeschlagen werden können.

§. 180.

Statt der Breter kann man auch beschlagenes Bauholz mit Vortheil anwenden, wenn solches in hinreichender Menge erlangt werden kann.

Im Nothfall dienen hierzu auch unbeschlagene starke Stämme.

§. 181.

In Ermanglung einer hinreichenden Menge von Bretern, kann man sich auch starker Bindwaasen zur Aufkastung bedienen. Die Enden derselben müssen sich 1 Elle in der Art überdecken, daß das stromaufwärts gekehrte Ende jeder Bindwaase hinter das Ende der zunächst oberhalb liegenden, gelegt wird. Die Bindwaasen werden durch Pfähle, welche man in Entfernungen von 1 bis höchstens $1\frac{1}{4}$ Elle durch dieselben geschlägt, auf der Dammkappe befestigt. Vor und hinter den Bindwaasen wird Strohdünger oder gute Dammerde angefüllt und diese Verfüllung besonders auf der äußern Seite, möglichst dicht in die zwischen der Oberfläche der Dammkappe und den Bindwaasen etwa vorhandenen Hohlungen, gestopft. Tab. IX. Fig. 47. ist eine dergleichen einfache Aufkastung mit Bindwaasen im Grundrisse und in Fig. 48 und 49. im Profile dargestellt worden.

§. 182.

Man kann auch, wenn die Höhe einer Bindwaase nicht hinreichend seyn sollte, dem Ueberschlagen des Wassers über den Damm dadurch vorzubeugen, die Aufkastung zwei Bindwaasen hoch fertigen, wobei unten zwei Bindwaasen dicht neben einander, und oben in die Mitte derselben die dritte gelegt werden muß, damit durch den davor und dahinter angefüllten Strohdünger, oder gute Dammerde eine schräge Abböschung zu beiden Seiten gebildet werde. Ehe die obere Bindwaase aufgelegt wird, müssen aber die zwischen den beiden untern Bindwaasen etwa vorhandenen Hohlungen sorgfältig mit Strohdünger ausgefüllt werden. Zu Befestigung der oben auf liegenden Bindwaase bedarf man 2½ Ellen langer Pfähle.

§. 183.

Im Nothfall können auch Faschinen zu Aufkastungen verwendet werden. Jede Faschine muß dann mit zwei Pfählen, welche in der Nähe der Bänder durch die Faschine zu schlagen sind, auf der Dammkappe befestiget werden. Die Faschinen legt man mit den Sturzenden stromaufwärts, doch müssen diese von den Reisern des obern Endes der nächst oberhalb liegenden Faschine bis etwas über das unterste Band überdeckt werden.

Da die Faschinenreiser nicht fest auf der Dammkappe aufliegen und wegen der zwischen ihnen befindlichen Hohlungen den Durchzug des Wassers nicht völlig verhindern, so ist bei Aufkastungen von Faschinen eine gute Verfüllung und Verstopfung besonders nöthig.

Aus Tab. 10. Fig. 50. ist die Einrichtung einer Faschinenaufkastung nach der Ansicht von oben, und aus Fig. 51. im Profil zu ersehen.

§. 183.

Tritt gänzlicher Mangel an Verfüllungsmateriale zu den Aufkastungen ein, so muß die inwendige Kante der Dammkappe abgestochen und die dadurch gewonnene Erde zur Verfüllung verwendet werden.

Wären aber weder Breter, noch Bindwaasen, noch Faschinen schnell genug zu erhalten, so muß von der auf der inwendigen Böschung entnommenen Erde auf der vordern Seite der Dammkappe ein kleiner Erddamm von wenigstens $\frac{1}{2}$ Elle oberer Breite, mit einfachen Böschungsanlagen aufgeschüttet und möglichst festgerammt werden, um den Ueberlauf des Wassers durch denselben wo möglich zu verhindern.

Dieses Mittel darf jedoch nur im äußersten Nothfall, und mit großer Vorsicht, angewendet werden, wenn durchaus auf keine andere Art Hülfe geschafft werden kann.

§. 184.

Wenn innerhalb eines Dammes Wasserlöcher oder sogenannte Kölke vorhanden sind und der Fuß des Dammes längs derselben hin keine hinreichende Befestigung erhalten hat, so ereignet es sich zuweilen, daß die inwendige Böschung des Dammes absinkt.

So lange noch kein Wasser durch den abgesunkenen Theil der Dammböschung dringt, so läßt sich das verloren gegangene Profil des Dammes durch lagenweise aufgefüllte und recht fest gerammte gute Dammerde, wieder ergänzen.

Diese Arbeit muß jedoch mit möglichster Schnelligkeit betrieben werden.

§. 185.

Dringt aber durch die abgesunkene Dammstelle schon Wasser durch, so muß zu gleicher Zeit mit Ergänzung des Dammes auf der inwendigen Seite, auch die Verstärkung des Dammes auf der äußern Dammböschung unternommen werden. Zu diesem Behufe läßt man gute Dammerde und Rasen durch Karren oder wenn es thunlich ist, durch Wagen und auch auf Kähnen herbeischaffen und auf der auswendigen Dammböschung herabrollen und zwar in so großer Menge als zur Verstopfung der Röhren, durch welche das Wasser eindringt, hinreichend ist.

Wenn das Eindringen des Wassers durch die auswendige Dammböschung nicht sehr tief unter dem Wasserspiegel statt findet, so erreicht man den beabsichteten Zweck weit sicherer, wenn man die Verstärkung der auswendigen Dammböschung in der Art veranstaltet, wie hierzu im §. 166. bei Verstopfung der Quellen bereits Anweisung ertheilet worden ist.

Da auch bei dieser Vorkehrung der glückliche Erfolg vorzüglich von der möglichst schnellen Herbeischaffung und Verwendung einer ausreichenden Menge Materiales abhängt, so müssen die hierzu erforderlichen Veranstaltungen eifrigst betrieben, und eine zur raschen Ausführung hinreichende Anzahl Arbeiter, angestellt werden.

§. 186.

Es ereignet sich auch wohl, daß wenn auch der Damm auf einem festen Grunde erbauet und der Fuß desselben hinlänglich verwahret worden ist, dagegen aber die Böschungen des Dammes aus vielen untermengten Sandlagen bestehen, die inwendige Dammböschung in Gefahr kommt, abzusinken.

Sind die Sandlagen vom Wasser bereits stark durchdrungen worden, so kann eine dergleichen Dammböschung nur höchst selten erhalten werden, denn wenn die Böschung auch noch ruhig liegt und fest zu seyn scheint, so wird sie doch, so weit sie vom Wasser durchdrungen worden ist, bei jeder sich ereignenden Erschütterung absinken.

§. 187.

Eine solche sich in Gefahr befindende Dammböschung gegen das Absinken durch Aufbringung von Strohdünger oder Erde unmittelbar auf dem schwammigten Theil derselben, verwahren zu wollen, hat gewöhnlich keinen glücklichen Erfolg, zumal wenn zur Befestigung der aufgebrachten Lagen Pfähle eingeschlagen werden müssen.

Es wäre denn, daß Steine in zureichender Menge angeschafft werden könnten, um eine, auf die ganze bedrohete Stelle gebrachte Lage von Strohdünger, so hoch damit zu beschweren, daß ein hinreichender Gegendruck entstehe. So weit der Damm von der Sohle an noch fest ist, können Faschinenaufbreitungen angebracht und erst auf diese die Steine mit so wenigen Zwischenräumen als möglich und hoch genug über einander gelegt werden, um den Druck des Wassers zu überwiegen.

§. 188.

Ist man jedoch überzeugt, daß sich die Sandlagen nur in dem obern Theile des Dammes befinden, und daß daselbst nur das Wasser durch dieselben dringe, so lasse man an der äußern Kante der Dammkappe einen Graben von 1 bis 1½ Elle Breite durch die Sandlagen hindurch auswerfen und denselben dann wieder mit Dammerde lagenweise ausfüllen und jede Lage möglichst festrammen.

Dieses Mittel darf man jedoch nur unter sehr großer Vorsicht anwenden, damit der Damm dadurch nicht, während der Aushebung des Grabens oder vor dessen wiedererfolgter Ausfüllung mit guter Erde zu sehr geschwächt, in die Gefahr des Durchbruches gesetzt werde.

§. 189.

Kann aber der Graben, ohne diese Besorgniß zu veranlassen, nicht so tief ausgehoben werden, als zu Durchschneidung der Sandlagen, welche das Wasser durchlassen, erforderlich ist, so muß man der drohenden Gefahr, auch in diesem Falle, durch möglichst schnelle Verstärkung der auswendigen Dammböschung, vorzubeugen suchen.

Bei einer dergleichen Veranstaltung darf aber keine Anstrengung gescheuet werden, weil sie, wenn Hülfe möglich ist, nur bei möglichst schneller Vollführung einen glücklichen Erfolg haben kann.

§. 190.

Hat die abgesunkene oder eine in Gefahr des Absinkens sich befindende Dammstelle, keine große Länge, und ist am Fuße der inwendigen Dammböschung Raum genug vorhanden, auch der Boden daselbst hinreichend fest, so kann eine Umdämmung der schadhaft gewordenen Dammstelle veranstaltet werden. Der dadurch beabsichtete Zweck wird aber nur dann erreicht werden können, wenn die hierzu erforderliche bedeutende Menge von Materialien ohne Zeitverlust herbeigeschafft und die zu Ausführung dieser Arbeit benöthigte Anzahl Arbeiter sofort zusammen gebracht werden kann.

§. 191.

Bei der Ausführung eines dergleichen Nothbaues verfährt man folgendermaßen:

Der abgesunkene Theil der Dammböschung wird in einer Entfernung von wenigstens 2 bis 3 Ellen vom inwendigen Fuße des Dammes mit Bretern umsetzt, welche an dem noch festen Theile der Dammböschung zu beiden Seiten anschließen müssen. Die Breter werden zu beiden Seiten durch eingeschlagene Pfähle festgehalten, von denen die auswendig stehenden etwa 2 Ellen von einander entfernt seyn können, dagegen inwendig nur 3 zu jedem Brete erforderlich sind. Hierauf wird der durch diesen Bretaufsatz eingeschlossene Raum mit Strohdünger in gleicher Höhe mit den Bretern ausgefüllt und festgestampft. Sollte aber Strohdünger nicht in hinreichender Menge vorhanden seyn, so muß wenigstens unmittelbar auf der Dammböschung, auf dem Raume am Fuße des Dammes und an den Bretern Strohdünger zur Verfüllung verwendet werden, dagegen kann der übrig bleibende leere Raum mit fettem Erdboden vollgefüllt und lagenweise gehörig festgerammt werden. Innerhalb der ersten Breterreihe werden hierauf wieder Pfähle in die bereits hergestellte Ausfüllung zur Befestigung einer zweiten Breterreihe eingeschlagen, die Breter aufgesetzt und der dadurch zwischen denselben und dem Damme gebildete leere Raum ebenfalls auf obige Art ausgefüllt. Mit dieser Arbeit fährt man so lange fort, bis die Umdämmung nach Beschaffenheit der entstandenen Absinkung der inwendigen Dammböschung, eine hinreichende Höhe erhalten hat. Tab. X. Fig. 52. ist das Profil von einer dergleichen Umdämmung dargestellt.

Diese Verfahrungsart ist jedoch nicht stets anwendbar, da nur selten die zu Ausführung derselben erforderliche bedeutende Menge Materiale schnell genug herbeigeschafft werden kann.

§. 192.

Sind Dämme zu nahe an das Ufer eines Stromes oder eines Kolcks erbauet und ist der Fuß eines Dammes nicht durch hinreichende Uferbefestigungen vollkommen gesichert worden, so entstehen bei einem, sich während der Stromergießung ereignenden Abrisse am Ufer, durch welchen das Vorland vor dem Fuße des Dammes verloren gehet, Absinkungen an der äußern Dammböschung, und in diesem Falle ist die Erhaltung des Dammes, zumal wenn der Abriß sich fortwährend vergrößert, oder die Wassertiefe vor dem Damme sehr bedeutend ist, selten möglich.

§. 193.

Um den Damm an einer solchen Gefahrstelle, wo möglich, noch zu erhalten, müssen vor der Absinkung Grundfaschinen versenkt werden, um durch sie das verloren gegangene Vorland zu ersetzen und das in Abriß befindliche Ufer sicher zu stellen.

Man senkt, nach Beschaffenheit der Umstände, längs der entstandenen Absinkung hin, zwei oder mehrere Grundfaschinen neben einander ab, und lagert dann andere darauf, bis die erforderliche Höhe dadurch erhalten worden ist.

§. 194.

Ist aber die Wassertiefe zu groß und kann daher die zu obiger Verfahrungsart erforderliche

Menge Grundfaschinen nicht schnell genug erhalten werden, so daß mithin kein glücklicher Erfolg zu erwarten ist, so kann man noch einen Versuch machen, ob sich dem Durchbruche des Dammes durch eine, möglichst schnell auszuführende hinreichende Verstärkung desselben an der innern Seite, vorbeugen lasse.

§. 195.

Bei neu aufgeführten, oder erhöheten Dämmen entstehen oft kleine Risse in der Dammkappe, wenn bei einem nassen Herbste das Wasser in die noch lockere Erde eindringt, dann bei schnell eintretendem Frost in Eis verwandelt wird und in dieser Gestalt eine größere Ausdehnung erhält.

Dergleichen Risse zeigen sich auch auf einem neu aufgeführten Damme, oder bei verstärkten Dammböschungen, wenn die Erdlagen auf einmal zu hoch aufgeschüttet oder nicht hinlänglich fest gerammt worden sind. Bei Rissen, die aus solchen Ursachen entstehen, ist für die Haltbarkeit des Dammes keine erhebliche Besorgniß vorhanden.

§. 196.

Wenn sich aber in einem Damme starke Risse zeigen und man kann mit ziemlicher Gewißheit vermuthen, daß dieselben durch in den Damm entstandene Hohlungen, oder durch eine Sinkung des Grundes verursacht worden sind, so muß — jedoch mit gehöriger Vorsicht, so daß der Damm nach dem Wasserstande zu, hinreichende Stärke behält, besonders dann, wenn das Wasser schon hoch vor dem Damme stehet — ein keilförmiger Einschnitt, dessen auslaufende Spitze unten zu stehen kommt, in den Damm bis zur schadhaften Stelle hinab aufgegraben und dann die dadurch aufgefundene Hohlung mit Strohdünger oder guter trockener Dammerde, so wie auch der gemachte Einschnitt selbst wieder mit Erde ausgefüllt und fest gerammt werden.

§. 197.

Liegt aber die Hohlung so tief, daß bei fernerer Aufgrabung Gefahr für den Damm zu besorgen seyn würde, so muß auf der auswendigen Dammböschung eine Aufkastung, so wie dazu im §. 166. Anweisung ertheilet worden ist, in einem Halbzirkel um die Dammstelle, wo der Riß entstanden ist, angelegt werden.

§. 198.

Hat bei unerwartet schnell und hoch ansteigendem Wasserwuchs dem Ueberlaufen des Wassers über den Damm nicht schleunig genug Einhalt gethan werden können, und ist die Dammkappe dadurch bereits tief ausgewaschen und abgerissen worden, so daß bei Vergrößerung der Beschädigung ein Dammbruch zu befürchten ist, so ist die schleunige Zubauung des abgerissenen Theils der Dammkappe nothwendig.

Ist letztere noch nicht bedeutend tief und nicht in ungleicher Höhe abgerissen worden, so suche man der Vergrößerung des Schadens durch schnelle Aufkastungen mit Bretern oder Bindwaasen vorzubeugen, wobei jedoch sorgfältig verhütet werden muß, daß das Wasser sich nicht einen Weg unter der Aufkastung bahne.

Ist aber die Dammkappe schon bedeutend und bei sehr ungleicher Tiefe abgerissen, mithin keine Hoffnung vorhanden, daß durch obige Verfahrungsart dem Dammbruche werde vorgebeugt werden können, so müssen Faschinen von dem stromaufwärts gelegenem Theile des Dammes in schräger Richtung, nämlich mit den Sturzenden mehr nach der hintern Seite der Dammkappe und die Spitzen mehr nach dem Strome zu gekehrt, eingeworfen werden. Die folgenden Faschinen werden in gleicher Richtung mit den Sturzenden auf die schon liegenden Faschinen, so daß sie fast die halbe Länge derselben überdecken, weiter vorwärts eingeworfen, und in der Art so lange fortgefahren, bis das Ende der abgerissenen Dammkappe stromabwärts erreicht worden ist. So wie die Faschinen nach und nach eingeworfen werden, muß man sie sogleich durch Pfähle hinlänglich befestigen und mit Erde belasten, auch vor dem Faschinenbaue Erde vorfüllen lassen. Bei einem heftigen Uebersturze des Wassers können auch Steine zur Belastung mit verwendet werden.

Hat sich aber der Einriß schon sehr vertieft, und lassen sich die Faschinen wegen der heftigen Strömung des sich durch die Dammöffnung ergießenden Wassers, nicht in gehöriger Lage erhalten und auf den Grund bringen, so leisten kurze Senkfaschinen von 6 bis 8 Ellen Länge, oder in deren Ermanglung auch mit Sand gefüllte Säcke, sehr gute Dienste.

§. 199.

Zeigen sich während eines hohen Wasserstandes Mängel an den Schutztafeln einer Schleuse und lassen diese Wasser durch, so bringt man eine hinreichende Anzahl großer Sandsäcke auf Kähnen vor die Schleuse und senkt sie so dicht und so regelmäßig, als nur immer möglich ist, vor den Schutztafeln ab, bis sie über den Wasserspiegel hervorragen. Dann wird vor die Sandsäcke, nach dem Wasser zu, der mehrern Verdichtung wegen, noch Rasen, Erde, auch wohl Strohdünger gefüllt, und diese Vorfüllung mit Steinen belastet.

§. 200.

Eben so verfährt man, wenn zwischen einer Flügelwand und dem Damme Wasser durchgeht, oder man kann in diesem Falle auch eine Abdämmung außen um den Damm anlegen.

§. 201.

Ist aber der Boden der Schleuse schadhaft geworden und Gefahr vorhanden, daß derselbe von dem Drucke des von unten eindringenden Wassers in die Höhe gehoben werden könne, so muß zwischen den Flügelwänden an der inwendigen Dammseite, oder auch um das Ende des inwendig gelegenen Heerdes so nahe als möglich am Damme, in einem möglichst kurzem Zeitraume ein Nothdamm aufgeführt, und im letzten Falle mit der inwendigen Dammböschung in gute Verbindung gesetzt werden, um durch das sich vor demselben sammelnde Wasser, einen Gegendruck zu bewirken.

Neuntes Capitel.

Von den Veranstaltungen zu Zerstörung der Eisschütze.

§. 202.

Wird bei dem Einwintern eines Stromes der Fortgang der Eisschollen durch irgend ein Hinderniß aufgehalten, so legen sich größere nachfolgende Eisschollen hinter diesen Stützpunct an, kleineres Treibeis wird aber durch den heftigen Zug des Wassers, der durch die dann entstehende Aufstauung verursacht wird, genöthiget, unter die Oberfläche der entstandenen Eisdecke unter zu tauchen und unter derselben fortzutreiben. Da nun bekanntlich das Eis leichter als das Wasser ist, so äußert eine solche untergetauchte Eisscholle eine beständige Kraft, sich in die Höhe zu heben und treibt daher unter der Eisdecke so dicht, daß das geringste Hinderniß, wie z. B. Unebenheiten an der untern Fläche der über ihr befindlichen Eisdecke, sie zum Stillstehen bringen, worauf sie sich zum Theil mit der über ihr befindlichen Eisdecke vereiniget. Das nachfolgende Treibeis wird dann durch dieselbe aufgehalten, anderes aber von der Gewalt des Stromzuges unter sie gezogen, bleibt ebenfalls hängen, und so entstehen Eismassen, die aus mehrern horizontal über einander liegenden Eisschollen bestehen. Oft wird aber auch das Treibeis von der heftigen Gewalt des Stromzuges, indem es an die obern Eisschollen anstößt, umgewälzt, so daß es sich mit seinen Ecken an den Grund anstemmt.

Je mehrere Eisschollen sich nun unter einander festsetzen oder umgewälzt werden, desto mehr muß auch der Raum, durch welchen das Wasser seinen Abzug gewinnt, sich verengen. Hierzu kommt noch das Schneeeis, welches, ehe es zu einem festen Körper zusammen frieren kann, von dem Stromzuge unter die Eisdecke geführt wird, an dieselbe sich, seiner großen Leichtigkeit halber anhängt, und den freien Durchzug des Wassers noch mehr hemmt.

Ja, es häuft sich bisweilen dieses Schneeeis so sehr unter der Eisdecke an, daß dem Wasser fast aller Durchgang versperrt wird. Hat sich nun einmal eine dergleichen Verstopfung an irgend einer Stelle des Stromes gebildet, so wird bei fortdauernder Kälte die Eismasse daselbst mehr und mehr verstärkt und verschiebt sich nach und nach immer weiter stromaufwärts.

Bei eintretendem Thauwetter können aber dergleichen Eisdämme nicht leicht zum Fortgang kommen und es entstehen daher dadurch Eisschütze.

Aber auch oft während des Eisganges treffen besonders in Stromengen oder in starken Krümmungen des Stromes große Eisfelder mit ihren Ecken so an einander, daß sie sich keilförmig verschieben und zum Stillstehen kommen, worauf die nachfolgenden großen Eisschollen sich an dieselben anlegen, das kleinere Treibeis unter diese untertaucht und indem vieles davon an der untern Fläche der

Eisdecke hängen bleibt, den Strom immer mehr und mehr verstopft.

§. 203.

Durch die, gleich beim Einwintern des Stromes entstandenen Eisdämme muß, wie bereits §. 110. erwähnt worden ist, ein Kanal noch vor dem Aufbruche des Eises aufgeeiset werden.

Weit schwieriger ist es aber, etwas gegen die, während des Eisganges entstehenden Eisschütze, mit Erfolg zu unternehmen.

Wäre es möglich, bei der ersten Entstehung eines Eisschutzes, die Eisschollen, welche den Stützpunct desselben bilden, ohne allen Zeitverlust zu zertrümmern, so ließe sich dem Eisschutze allerdings vorbeugen. Allein dieß ist nicht ausführbar, weil man theils an dem Orte und in dem Momente, in welchem die Eisschollen stehen bleiben, nicht sogleich mit den nöthigen Mannschaften und Hülfsmitteln zugegen seyn kann, theils weil es die augenscheinlichste Lebensgefahr bringen würde, sich, gleich bei Entstehung eines Eisschutzes, auf die in einander geschobenen Eisschollen zu wagen, um sie zu zerstören.

§. 204.

Ist nun aber das Bette eines Stromes so sehr verstopft worden, daß fast aller Durchzug des Wassers dadurch gehemmt wird, so entsteht oberhalb des Eisschutzes ein ungewöhnlich hoher Wasserstand, der alle Dämme zu übersteigen droht und die anliegenden Gegenden, welche durch die Dämme gegen die nachtheiligen Folgen der Ueberschwemmung geschützt werden sollen, werden der größten Gefahr ausgesetzt.

Wenn nun keine Hoffnung vorhanden ist, daß die sich oberhalb eines Eisschutzes immer mehr und mehr anhäufende Wassermasse denselben zum Fortgehen werde bringen können, besonders aber, wenn wieder Frost eintritt, durch welchen der Eisschutz immer mehrere Festigkeit erhält, so wird es dringend nothwendig, nichts unversucht zu lassen, alle zu Gebot stehende Mittel anzuwenden, und keine Kosten zu scheuen um zu Abwendung eines oft unübersehbaren Schadens, den Eisschutz, wenn dazu irgend eine Möglichkeit sich zeigt, zu durchbrechen und zum Fortgang zu bringen.

Man hat zu dem Ende die Anwendung des Wurfgeschützes in Vorschlag gebracht, allein, die in dem Anhange sub C enthaltenen Beobachtungen ergeben, wie wenig davon selbst gegen einzelne Eisschollen, zu erwarten ist und es bleibt bis jetzt immer noch die Zerstörung des Eisschutzes durch Menschenhände das sicherste und einzige Mittel.

§. 205.

Nachdem zu diesem Behufe zuvörderst untersucht worden ist, ob man sich mit Sicherheit auf den Eisschutz begeben oder sich doch dem Ende desselben ohne Gefahr auf Kähnen nähern könne, fängt man damit an, unterhalb des Eisschutzes, wo das Eis noch nicht sehr zusammen geschoben ist, einen Kanal, der zur Breite den achten oder zehnten Theil der Strombreite erhält, im Fahrwasser oder wo sich die größte Stromtiefe befindet, aufzueisen und wenn weiter stromabwärts, wie dieß zuweilen unterhalb eines Eisschutzes der Fall ist, eine vom Eise freie Stromstelle oder Schlucht vorhanden ist, die losgehauenen Eisschollen in dieselbe hinabzuflößen.

Ist man mit dem Kanale bis zum eigentlichen Schutzeise gelangt, so wird, wenn nicht aller Wasserzug durch das Eis versperrt ist, das Grundeis, sobald die Eismassen über demselben weggeschafft worden sind, in die Höhe steigen.

§. 206.

Je weiter man in den eigentlichen Eisschutz die Aufeisung fortsetzt, desto beschwerlicher wird die Arbeit wegen des vielen Grundeises und der unebenen Oberfläche der Eisdecke, welche durch die vielen über einander geschobenen Eisschollen eine oft sehr bedeutende Dicke erlangt hat. Deshalb läßt sich auch von der Eissäge mehrentheils kein Gebrauch mehr machen.

§. 207.

Bleiben die losgeeiseten Eisschollen, wenn viel Grundeis oder unterschobenes Eis unter denselben vorhanden ist, auf demselben hängen, so müssen sie durch starke Hebebäume so lange auf und nieder beweget werden, bis jenes sich davon absondert und sie dann vom Stromzuge fortgeführt werden.

Dann findet gewöhnlich ein starkes Hervorschießen des Wassers unter dem Eise statt.

§. 208.

Ist auf diese Art der Kanal durch den Eisschutz hindurch gearbeitet worden, so muß auch oberhalb des Eisschutzes, besonders wenn sich daselbst eine starke Stromkrümmung oder eine zu breite Stromstelle befindet, der Kanal stromaufwärts fortgesetzt werden, weil, wenn auch das Eis dort nicht sehr in einander verschoben ist, sich doch gewöhnlich viel Grundeis angesetzt hat.

§. 209.

Es ereignet sich zuweilen, daß, wenn das Grundeis aus dem Kanale während Fertigung desselben fortgeschaft wird, weiter oberhalb im Eisschutze das hoch aufgethürmte Eis zusammensinkt und ein heftiger Stromzug im Kanale entsteht.

Nimmt man dieses wahr, so muß die Eisdecke ununterbrochen beobachtet werden, um nach Befinden auf die Sicherheit der angestellten Arbeiter, sobald sich mehrere Bewegungen in den Eismassen zeigen, Bedacht zu nehmen, weil der Eisschutz unerwartet zum Fortgang kommen kann.

§. 210.

Wo das Eis an einzelnen Stellen ungleiche Stärke hat, oder wo es bei später eingetretener Kälte auf den Oeffnungen zwischen zusammen geschobenen Eisfeldern eine nur geringe Dicke erhalten hat, ist es der Vorsicht gemäß, Breter nöthigen Falls doppelt über einander zu legen, auf welche sich die Arbeiter stellen, um die Aufeisung ohne Gefahr verrichten zu können.

§. 211.

Eben so nothwendig ist es aber auch, in dem geöffneten Kanale einen oder einige Kähne in Bereitschaft zu halten und für ihre ungehinderte Abfahrt einen Kanal nach dem Lande aufzueisen, damit sich die Arbeiter bei eintretenden Bewegungen in der Eismasse retten können. Diese Vorsichtsmaßregel ist besonders dann unerläßlich, wenn oberhalb des Eisschutzes neuer Wasserwuchs eintritt.

§. 212.

Ist der Kanal durch den Eisschutz und auch oberhalb desselben mittelst Anstellung einer so großen Anzahl Arbeiter, als nur immer Platz finden kann, in einem möglichst kurzem Zeitraume, durchgeeiset worden, so wird man eine Abnahme von der Höhe des Wasserstandes oberhalb des Eisschutzes, wahrnehmen und der Eisschutz selbst kommt dann, wenn viel Wasser vor demselben befindlich ist, mehrentheils in einigen Tagen zum Aufbruch; und sollte dieß auch nicht der Fall seyn, so wird es doch erfolgen, sobald neuer Wasserwuchs aus den obern Stromgegenden eintritt.

§. 213.

Um zu Durcheisung eines Eisschutzes eine große Anzahl Arbeiter ohne Zeitverlust anstellen zu können, ist nothwendig, daß eine hinreichende Menge Eisreitel, Wuchtbäume, besonders aber Eisäxte in Vorrath angeschafft worden sind, weil gewöhnliche Aexte zu dieser Arbeit weit weniger brauchbar sind, als die Tab. IV. Fig. 12, 13, 14, 15. abgebildeten Eisäxte.

§. 214.

Bei einem Eisschutze, welcher sich auf eine sehr große Länge in dem Strombette festgesetzt hat, kann zwar gewöhnlich eine hinreichende Anzahl von Arbeitern nicht aufgetrieben werden, um den Kanal in einem so kurzen Zeitraume aufzueisen, als zu Verhüthung aller nachtheiligen Folgen der ungewöhnlich hohen Aufstauung des Wassers nöthig wäre, indessen wird es doch auch in diesem Falle immer möglich seyn, diese Durcheisung des Eisschutzes, wenn man mit einiger Wahrscheinlichkeit auf einen glücklichen Erfolg hoffen darf, nicht zu unterlassen. Denn theils werden die oberhalb demselben gelegenen Gegenden doch etwas früher von der Ueberschwemmung befreit, theils verstopft außerdem ein solcher Eisschutz das Flußbette oft auf lange Zeit, hält spätere Ergießungen des Stromes ebenfalls zurück und setzt dadurch die oberhalb gelegenen Gegenden zum zweitenmal verheerenden Ueberschwemmungen aus, ja er kann sogar die Veranlassung zu Unregelmäßigkeiten in der Strombahn werden, die dann oft einen sehr nachtheiligen Einfluß auf die Schiffahrt haben.

Zehntes Capitel.

Von den, nach erfolgtem Eisgange oder Hochgewässer besonders bei besorglichen Wiedereintritt eines hohen Wasserstandes zu treffenden Vorkehrungen.

§. 215.

Sind Löcher auf der Dammkappe oder auf den Dammböschungen entstanden, so müssen diese zuvörderst von Sand, Stroh, Strohdünger, losgewaschener lockerer Erde, die unter sich keine Verbindung hat, Holz und andern Treibzeuge gereinigt, dann aber mit trockener guter Dammerde, welche lagenweise recht fest zu stampfen und anzuschlagen ist, wieder ausgefüllt werden.

§. 216.

Da aber der Oberfläche von dergleichen ausgebesserten Dammstellen wegen des auf derselben ermangelnden Rasens, nicht hinreichende Festigkeit gegeben werden kann, so wird es, wenn noch ein neuer Anwuchs des Wassers zu besorgen ist, nothwendig, die ausgebesserte Dammstelle, wenn sie sich auf der auswendigen Dammböschung befindet auch dazu groß genug ist, mit einer Spreitlage von Faschinenreisern zu versehen und diese durch Näthezäune zu befestigen. Ist die Fläche aber nur klein, so belegt man sie mit Deckrasen, welche man durch eingeschlagene kleine Pflöcke befestigt.

§. 217.

Alle Risse, welche in dem Damme wahrgenommen werden, und die Stellen, an denen sich Quellwässer während des hohen Wasserstandes vor dem Damme gezeigt haben, müssen aufgegraben und nachdem bei letztern der zu Verstopfung derselben gebrauchte Strohdünger vorher weggeräumt worden, lagenweise mit trockener Dammerde wieder vollgefüllt auch jede Lage möglichst fest gerammt werden.

Sind diese Veranstaltungen auf der auswendigen Dammböschung nothwendig, so wird die Oberfläche der aufgegrabenen und wieder vollgefüllten Dammstellen eben so, wie §. 215. angewiesen worden ist, befestigt.

Auch müssen die Ausfüllungen der aufgegrabenen Dammstellen stets etwas höher, als die nebenliegenden unbeschädigten, aufgetrieben werden, weil sich die neu aufgefüllte Erde setzt, oder zusammensinkt.

§. 218.

Ist ein Dammbruch entstanden und die Zubauung desselben nicht sofort ausführbar, gleichwohl aber nothwendig, der Vergrößerung des Dammbruches bei etwa wieder eintretenden Hochgewässern vorzubeugen, so werden die beiden abgebrochenen Dammenden flach abgeböscht, die Abböschung mit einer Faschinenlage bedeckt und diese durch Näthерzäune befestigt.

Befindet sich vor des einen oder andern Dammendes ein Kolck mit bedeutender Wassertiefe, so muß der Fuß des Dammes vorher durch einen

Vorbau in Form einer Uferfeste gegen fernern Abriß gesichert werden.

§. 219.

Alles angeschwommene Treibzeug, Holz u. dgl. muß von den Böschungen des Dammes abgeräumt werden, weil dieses den Graswuchs verhindern und daher den beraseten Böschungen nachtheilig werden würde.

§. 220.

Sobald man versichert seyn kann, daß durch wieder eintretende hohe Wasserstände nicht von neuem Gefahr für den Damm eintreten werde, so müssen die Baugeräthschaften in Verwahrung gebracht und die übrig gebliebenen Baumaterialien von dem Damme geräumt werden, weil letztere die Passage auf der Dammkappe hindern und, wenn sie auf den Dammböschungen liegen bleiben, dem Graswuchse nachtheilig werden würden.

§. 221.

Bei Aufbewahrung der Baugeräthschaften ist jedoch darauf Rücksicht zu nehmen, daß die Horden vorher getrocknet, dann aber in Schuppen verwahrt werden, in denen sich Luftzug befindet.

Eben so müssen auch die leinenen Tücher vorher sorgfältig getrocknet, dann ganz fest zusammengerollt und dicht in Tonnen gepackt werden. Bei vorzüglich warmen und trockenen Sommertagen werden sie jährlich einigemal herausgenommen und auf sehr trockenen Stellen ausgebreitet, dann aber wieder fest in die Tonnen gepackt.

§. 222.

Ueber die Baugeräthschaften ist, ehe sie noch aufbewahret werden, ein genaues Verzeichniß aufzunehmen und in demselben genau anzumerken, welche Stücke schadhaft oder ganz unbrauchbar geworden sind. Die schadhaft gewordenen müssen hierauf ausgebessert und wieder in völlig brauchbarem Stand gesetzt, die ganz unbrauchbar gewordenen aber in Zeiten, ehe man ihrer wieder bedarf, durch neue ersetzt werden.

§. 223.

Von den übrig gebliebenen Baumaterialien ist dasjenige, welches sich ohne es dem Verderben auszusetzen, nicht aufbewahren läßt, zu verkaufen, um den Ertrag davon künftighin zu Anschaffung anderer Baumaterialien zu verwenden.

Das übrige Baumateriale, welches sich aufbewahren läßt, ist ebenfalls in sichere Verwahrung zu bringen und ein Verzeichniß darüber aufzunehmen, um aus demselben den Bestand, wenn dessen Ergänzung wieder nothwendig wird, ersehen zu können.

Eilftes Capitel.

Allgemeine Bemerkungen.

§. 224.

Wenn während einer außerordentlichen Wasserhöhe bei einem aus sehr schwachen oder leichten Sandboden bestehenden Damme, das Wasser allenthalben stark durchgehet, wenn die inwendige Dammböschung durch Absinkungen bereits sehr geschwächt, oder die auswendige Dammböschung auf große Längen durch Wellenschlag stark beschädigt und geschmälert worden ist, auch wohl gar bedeutende Absinkungen schon entstanden sind, und sonach durchaus keine Hoffnung mehr vorhanden ist, den Damm zu erhalten, so bleibt, um bei einem entstehenden Dammbruch einen Grundbruch zu verhüten, kein anderes Mittel übrig, als das Wasser an Stellen, wo der Damm wenig Höhe über dem hinterliegenden Terrain hat, und wo das Wasser den wenigsten Schaden verursachen kann, in das umdämmte Land zu lassen, um durch den Gegendruck des eingelassenen Wassers, den Damm gleichsam zu verstärken.

Das Ueberlassen des Wassers über den Damm muß dann aber auf eine große Länge desselben zu gleicher Zeit veranstaltet werden, weil sonst das Anwachsen des Wassers hinter dem Damme nur langsam erfolgen und mithin der beabsichtete Zweck nicht erreicht werden würde, besonders aber weil das Ueberlassen des Wassers in einem zu beschränkten Raume, die Entstehung eines Dammbruches mit einem Grundbruche zur Folge haben könnte.

§. 225.

Durch dieses Verfahren können zwar Dammbrüche verhütet werden, wo die Wiederherstellung des Dammes, besonders wenn ein Grundbruch zugleich mit entstehet, sehr kostspielig ausfallen würde, auch wird durch dasselbe den bei jedem Dammbruche entstehenden Verwüstungen und Versandungen der hinterliegenden Ländereien größtentheils vorgebeugt, da aber demohnerachtet die Anwendung dieses Mittels für die eingedämmte Gegend nachtheilige Folgen haben muß, so darf man sich desselben doch nur im äußersten Nothfall bedienen, und nur erst dann dazu seine Zuflucht nehmen, wenn alle zu Erhaltung des Dammes angewandte Vorkehrungen ohne Erfolg bleiben und man vollkommen überzeugt ist, daß der Damm auf keine Art zu retten ist.

§. 226.

Die innerhalb des eingedämmten Bezirkes wohnenden Personen müssen aber, wenn dieses Mittel angewendet werden soll, zeitig genug vor der Ausführung, davon benachrichtiget werden, damit sie Zeit genug behalten, noch vor Ankunft des Wassers in ihren Wohnungen ihre Person, ihr Vieh und ihr bewegliches Eigenthum in Sicherheit zu bringen.

§. 227.

Durch ausharrende angestrengte Arbeit kann sehr oft ein Damm erhalten werden, der sich in augenscheinlicher Gefahr befindet, besonders ist dieß dann der Fall, wenn ein ungewöhnlich hoher Wasserstand durch einen stromabwärts entstandenen Eisschutz verursacht wird, der oft nach Verfluß einiger Zeit wieder zum Fortgang kommt.

§. 228.

Die bei Erhaltung eines Dammes angestellten Aufseher dürfen daher die Gegenwart des Geistes auch bei eintretender großer Gefahr und die Entschlossenheit bei der Wahl der Mittel zu Erhaltung des Dammes so wie auch bei Anordnung der, zu möglichst schneller Ausführung derselben, erforderlichen Veranstaltungen, nie verlieren, vielmehr sollen sie bei eintretender Gefahr den Muth der angestellten Arbeiter stets vom Neuen zu beleben und zu erhalten suchen.

§. 229.

Hierzu ist es besonders auch wichtig, daß der Aufseher bei dem Eingange ungünstiger Nachrichten, mit Bekanntmachung derselben sehr vorsichtig verfahre, weil außerdem die Arbeiter gewöhnlich sogleich alle Hoffnung zu Erhaltung des Dammes gleich aufgeben, und aller Vorstellungen ohnerachtet den Damm sofort verlassen. Dagegen müssen eingehende gute Nachrichten so schnell als möglich, von einem Dammwachposten zum andern verbreitet werden.

§. 230.

So ist es auch der Vorsicht gemäß, wenn Gefahr eintritt, keine fremden Personen welche nicht bei den Arbeiten angestellt sind, ohne Erlaubniß des Aufsehers auf den Damm zu lassen, oder zu gestatten, daß vom jenseitigen Ufer oder von ober- und unterhalb liegenden Dämmen sich Jemand auf den Damm begebe, weil überflüßige Personen nicht nur den an sich schon nicht großen Raum auf dem Damme beschränken, sondern auch und vorzüglich, weil nicht zu verbürgen ist, ob nicht etwa an- oder gegenüber liegende Grundbesitzer, um ihren, sich in großer Gefahr befindlichen Dämmen Hülfe zu verschaffen, dem Damme irgendwo Schaden zufügen möchten, indem an unbewachten Stellen, besonders des Nachts, oft mit ein paar Spatenstichen zu Durchbrechung eines Dammes Veranlassung gegeben werden kann.

Wird aber einer fremden Person die Erlaubniß ertheilt, den Damm zu begehen, so thut man, wenn der geringste Verdacht vorhanden ist, wohl, diese stets durch einen zuverläßigen Mann allenthalben begleiten zu lassen.

Anhang.

A.

Signalisirung durch Flaggen oder durch aufgezogene Tücher von verschiedenen Farben und durch Laternen.

§. 1.

Um die im Capitel IV. Abschnitt II. §. 15. angegebenen Ereignisse zu bezeichnen, kann z. B.

1) Der Eisaufbruch bei dem ersten Beobachtungsposten durch roth. Fig. 53. Tab. XI.

2) Die Entstehung eines Eisschutzes, durch gelb. Fig. 54.

3) Der Fortgang desselben, durch weiß. Fig. 55.

4) Schneller und starker auch anhaltender Wasserwuchs, durch blau. Fig. 56. und

5) die Entstehung eines Dammbruches, durch schwarz. Fig. 57. angedeutet werden.

§. 2.

Da aber in mehrern Fällen die Bezeichnung des Signalpostens, wo sich irgend ein Ereigniß zugetragen hat, nothwendig wird, so müssen die Nummern der Posten durch besondere Zeichen angegeben werden können.

§. 3.

Zu diesem Behufe lassen sich die Einer, 1, 2, 3, 4, 5, 6, 7, 8, 9 durch perpendiculair gespaltene

Flaggen oder ausgespannte Tücher, wobei jedes Feld eine besondere Farbe erhält, wie in Fig. 58, 59, 60, 61, 62, 63, 64, 65, 66, bezeichnen, dagegen die Zehner, als 10, 20, 30, 40, 50, 60, 70, 80, 90 und 100 sich durch horizontal gestreifte Flaggen oder ausgespannte Tücher, nach Fig. 67, 68, 69, 70, 71, 72, 73, 74, 75, 76, ausdrücken lassen.

§. 4.

Sollen nun Zehner und Einer, Zwanziger und Einer, u. s. f. signalisirt werden, so wird oben die Flagge oder das Tuch, wodurch die Zehner bezeichnet werden, und darunter die Flagge oder das Tuch, welches die Einer anzeigt, aufgezogen. So bedeuten z. B. Fig. 77. ab, 12, Fig. 78 cd, 34 und Fig. 80. ef, 27.

§. 5.

Ueber den Flaggen oder Tüchern, welche die Nummern bezeichnen, werden dann die Flaggen oder Tücher, welche das zu signalisirende Ereigniß anzeigen, aufgezogen. So stellt z. B. Fig. 77. das Signal vor, wodurch angegeben wird, daß innerhalb der zwölften Station der Eisaufbruch erfolgt ist; ferner Fig. 78, daß in dem Bezirke der vier und dreißigsten Station ein Eisschutz entstanden ist; Fig. 79. daß in dem Bezirke der achten Station ein Eisschutz wieder zum Aufbruch gekommen ist und Fig. 80. daß ein Dammbruch in der sieben und zwanzigsten Station entstanden ist.

§. 6.

Farbige Tücher, welche auf Rähme gespannt, zwischen feststehenden Säulen aufgezogen werden können, verdienen vor den Flaggen den Vorzug, weil sie nicht so, wie diese durch den Wind eine solche Richtung erhalten können, daß sie dem nächsten Beobachtungsposten weniger sichtbar werden.

Farbige Zeuge, welche zu diesen Tüchern verwendet werden können, verbleichen, wenn sie der Sonne und dem Regen ausgesetzt werden, in kurzer Zeit, und die Signale erscheinen dann undeutlich. Man thut daher besser, zu diesem Behufe Leinwand auf Rähme zu spännen und sie mit Oehlfarbe anzustreichen.

§. 7.

Man mag sich nun der Flaggen oder der Tücher zu den Signalen bedienen, so müssen sie eine solche Größe erhalten, daß die verschiedenen Farben auf die Entfernung, in welcher sich die Signalposten von einander befinden, sich deutlich erkennen, und ohne zu Verwechslungen Veranlassung zu geben, bestimmt unterscheiden lassen.

§. 8.

Da bei Nacht, und auch schon in der Dämmerung die Farben nicht gesehen werden können, so müssen dann die Signale durch Laternen bezeichnet werden, die, wenn sie mit Reverberes versehen sind, bessere Wirkung thun.

Die Bedeutung der Laternen läßt sich durch die zu gebenden verschiedenen Stellungen derselben ausdrücken.

Zu diesem Behufe dienen Rähme, wie einer in Fig. 111. Tab. XIII. bei a b c d, dargestellt ist, welche an einem Gerüste aufgezogen werden können. Da die, zur Bezeichnung der zu signalisirenden Ereignisse dienenden Laternen, wenn man sie blos aufhängen wollte, bei heftigem Winde herabgeworfen werden, oder doch wenigstens eine nachtheilige schwanckende Bewegung, erhalten könnten, so ist es besser, an den Boden der Laterne eine eiserne runde Spindel anzubringen, die in die Hülsen e gesteckt wird. Die Ansicht einer dergleichen Hülse von oben, zeigt Fig. 115.

§. 9.

Die Stellung der Laternen, um die verschiedenen Ereignisse zu bezeichnen, ist auf Tab. XII. zu ersehen, nämlich die Bezeichnung

1) von dem Aufbruche des Eises, nach Fig. 81,
2) von der Entstehung eines Eisschutzes, nach Fig. 82,
3) vom Fortgange eines Eisschutzes, nach Fig. 83,
4) von dem schnellen und starken, auch anhaltenden Anwuchse des Wassers, nach Fig. 84, und
5) von einem entstandenen Dammbruche, nach Fig. 85.

Um die Stationen, innerhalb denen ein Ereigniß sich zugetragen hat, anzugeben, kann die

Bezeichnung der Einer, nämlich 1, 2, 3, 4, 5, 6, 7, 8, 9 nach Fig. 86, 87, 88, 89, 90, 91, 92, 93, 94, und die der Zehner, als 10, 20, 30, 40, 50, 60, 70, 80, 90 und 100 nach Fig. 95, 96, 97, 98, 99, 100, 101, 102, 103, 104, erfolgen.

Sollen nun die bei den Tagsignalen als Beispiele angegebenen Vorfälle durch Nachtsignale bezeichnet werden, so wird das Signal von dem Aufbruche des Eises in der zwölften Station durch Fig. 105; von Entstehung eines Eisschutzes in der vier und dreißigsten Station durch Fig 106; von dem Fortgange des Eisschutzes in der achten Station durch Fig. 107. und von einem in der sieben und zwanzigsten Station entstandenen Dammbruche durch Fig. 108, gegeben.

§. 10.

Bei der Aufstellung der Signale sowohl durch die mit farbiger Leinewand bespannten Rähme, als auch durch die Rähme, an welchen die Laternen aufgesteckt werden, ist stets zu beobachten, daß die Signale zu Bezeichnung der verschiedenen Ereignisse, zu oberst, in einiger Entfernung unter denselben, die Signale, welche die Zehner bedeuten, und dann wieder in einiger Entfernung unter diesen, die Signale, welche die Einer anzeigen, aufgezogen werden.

Wird diese Vorschrift genau befolgt, so kann auch dadurch keine Irrung entstehen, daß bei der Signalisirung durch Laternen, die Bezeichnung der

Einer und der Zehner fast gleich ist, indem beide sich durch den Ort der Aufstellung hinreichend von einander unterscheiden lassen.

§. 11.

Eine Einrichtung zu Aufziehung der Signale giebt Tab. XIII. und zwar in Fig. 109. in der Seitenansicht und in Fig. 110. in der Ansicht von vorn, es sind jedoch die Rähme ohne die Bespannung mit Leinwand, dargestellt worden. In Fig. 111 und 112. ist ein Theil des Gestelles sowohl von der Seite, als auch von vorn, nach einem größern Maasstabe gezeichnet, um die Einrichtung daraus deutlicher ersehen zu können.

An den Säulen f bilden zwei aufgenagelte glatt gehobelte Latten eine Nuth, in welcher sich die Rähme auf und niederwärts bewegen lassen. Damit aber die Rähme nach dem verschiedenen Bedürfnisse wechselsweise eingeschoben werden können, so reichen diese Latten nicht bis auf den Boden, wie aus Fig. 110. ersehen werden kann.

Die Rähme sind an den obern und untern Querleisten mit Oehsen h Fig. 111. versehen, um sie mittelst der Leinen i, an deren beiden Enden Hacken angebunden sind, mit einander in einiger Entfernung von einander verbinden, und so durch die, mit Scheiben versehenen Kloben k aufziehen, und niederlassen zu können.

Auf der einen Seite des Gerüstes ist zwischen zwei Strebebändern ein Querriegel l angebracht, auf welchem die mit Kegeln versehenen Breter m n

Fig. 109 und 110 befestigt sind, mittelst welcher sich die Richtungslinie nach der ober- und unterhalb gelegenen Station leicht auffinden läßt.

Die Einrichtung hierzu findet sich in Fig. 113 und 114. und zwar der Deutlichkeit halber, nach einem größern Maasstabe gezeichnet.

Das Gestelle ist übrigens so eingerichtet, daß es, wenn dessen Gebrauch nicht mehr nothwendig ist, auseinander geschlagen, und zu fernerm Gebrauch aufbewahret werden kann.

B.

Schema zu einem Wasserzettel.

I.

Schandau den 18

Wasserstand Uhr

Ellen Zoll Null.

Wasserstand Uhr

Ellen Zoll über Null.

Zolleinnehmer.

II.

Schandau den 28. Jun. 1825.

Wasserstand Vormittags 7 Uhr

— Ellen 7 Zoll unter Null.

Wasserstand Nachmittags 2 Uhr

2 Ellen 10 Zoll über Null.

N. N.

Zolleinnehmer.

C.

Sprengung des Eises mittelst des Pulvers und durch Wurfgeschütz.

§. 1.

Da nach angestellten Versuchen die Kraft, mit welcher das erschütterte Wasser auf unmittelbar mit demselben in Berührung stehende harte und feste Körper wirkt, sich zu derjenigen Kraft, mit welcher die erschütterte Luft auf dergleichen Körper wirken würde, sich wie 970 zu 1 verhält, so führte diese Erfahrung sehr natürlich auf den Gedanken, ob es nicht möglich sey, eine mit Eis belegte Wassermasse, durch, unter ihrer Oberfläche entzündetes Pulver so zu erschüttern, daß sie zerstörend auf die Eisdecke wirke und da die Aufeisung eines Stromes bei der oft kurzen Zeitfrist zwischen dem Eintritte starken Thauwetters und dem Aufbruche des Eises in einem möglichst kurzen Zeitraume vollführet werden muß, so wäre allerdings die Entdeckung eines Mittels, die Eisdecke schnell und mit sicherm Erfolge zu zertrümmern sehr wünschenswerth.

§. 2.

Man glaubte die beabsichtete Erschütterung der Wassermasse durch Anwendung des in Bomben eingeschlossenen Pulvers, wegen seiner augenblicklichen und heftigen Wirkung am sichersten hervorbringen zu können; und einige Versuche lieferten, der Angabe nach, so günstige Resultate, daß, wenn sich solche allgemein bestätigt hätten, den Bomben unter allen bis jetzt bekannten Mitteln zu Zerstörung der Eisdecke oder der Eisschütze, der Vorzug unstreitig gebühren würde.

Aber andere mit Genauigkeit bei gleichem Kaliber der Bomben, gleicher Ladung, Eisstärke und Wassertiefe angestellte Versuche, bestätigten dieß keineswegs, sondern zeigten, daß man sich bei Untersuchung der, nach Sprengung der Bomben entstandenen Risse in der Eisdecke, durch bereits in derselben vorhanden gewesene, wahrscheinlich habe täuschen lassen. Es entstehen nämlich bekanntlich in der Eisdecke, wenn bei anhaltender Kälte das Wasser unter derselben wegfällt, Risse, die sich sowohl in gleicher Richtung mit der Strombahn, als auch in schiefen, quer über den Strom, erstrecken.

Bei solchen Rissen zehren sich aber bei eintretendem Thauwetter die obern scharfen Ränder ab und der Riß erweitert sich nach oben, so daß man, wenn man mit dem Finger darüber hinstreicht, eine Vertiefung wahrnehmen kann, was bei neu entstandenen Rissen in einer Eisdecke nicht der Fall ist, indem die Ränder vielmehr oben scharf zusammenschließen.

Nachdem man nun, um über die wahre Wirkung der Bomben zuverläßige Beobachtungen anzustellen, noch vor deren erfolgter Einlassung und Sprengung in einer etwa 30 Ellen betragenden Entfernung von den, zum Einlassen der Bomben in die Eisdecke gehauenen Oeffnungen, alle schon in derselben vorhandenen Risse aufgesucht und durch

Einhauen mit der Eisaxt bezeichnet hatte, ergab sich nach mehrern, bei verschiedenen Wassertiefen und Eisstärken gemachten Versuchen, daß alle Risse, welche nach Sprengung der Bombe, ihren Anfang bei der, zu ihrer Einlassung gemachten Oeffnung, nehmen, sich in einer Entfernung von höchstens 25 Ellen endigten, die aber, welche sich anscheinend weiter erstreckten, in die vorher schon vorhandenen und bezeichneten Risse ausliefen, welche augenscheinlich nicht die Wirkung der Bombe seyn konnten und daß daher alle Angaben von 150, 200 bis 300 Schritten und darüber langen Rissen, welche man durch eine eingelassene Bombe bewirkt haben wollte, nur auf mangelhaften Beobachtungen beruheten.

§. 3.

Diese geringe Wirksamkeit der eingelassenen und gesprengten Bomben bastätigen noch andere Erfahrungen, von denen blos folgende hier stehen mag:

Es war die Eisdecke unmittelbar vor einer Strombrücke vor dem Aufbruche des Eises durch eingehauene Rinnen zertheilt worden, weiter stromaufwärts aber hatte man in selbige mehrere Bomben eingelassen und gesprengt. Als nun bei eintretendem Wasserwuchse das Eis unterhalb der Brücke fortging, rückte auch das oberhalb derselben stehende, so weit nach, und zog durch die Brückenjoche, als die Aufeisung sich erstreckte. Die weiter stromaufwärts befindliche Eisdecke, in welche man die Bomben eingelassen hatte, folgte zwar ebenfalls nach, legte sich aber, als sie vor der Brücke ankam, vor die Pfeiler derselben, ohne sich in einzelne Stücke zu trennen und wurde Veranlassung zu einer schutzförmigen Anhäufung des nachfolgenden Eises, ohnerachtet nur in dem Theile der Eisfläche, welche die Brückenöffnung zwischen zwei Pfeilern schloß, fünf 96pfündige Bomben eingelassen worden waren.

§. 4.

Die vorzüglichste Ursache, aus welcher die Wirkung der Bomben den Erwartungen so wenig entspricht, dürfte wohl darin liegen, daß die Eisdecke der Ströme zu der Zeit, wenn die Zertrümmerung derselben nothwendig wird, nicht mehr gleichförmige Stärke hat, besonders aber, daß die Wassermasse nicht mehr durch die Eisdecke fest eingeschlossen ist, indem letztere sich dann gewöhnlich von den Ufern schon getrennt hat.

§. 5.

Kann nun die Zertrümmerung des Eises durch eine eingelassene und gesprengte Bombe durchschnittlich auf eine Kreisfläche, deren Durchmesser höchstens 50 Ellen beträgt, angenommen werden, so wird sie weit kostbarer, als wenn diese durch Menschenhände vollführet wird.

Verwandelt man diese Kreisfläche von 50 Ellen Durchmesser in ein Quadrat von gleich großem Flächeninhalte, so ist die Länge einer Seite desselben $44\frac{3}{10}$ Elle.

Zerlegt man nun diese Fläche in 9 Tafeln, so erhalten letztere, nach Abzug der 16 Zoll breiten Rinnen, auf jeder ihrer Seiten $13\frac{7}{90}$ oder dafür $13\frac{8}{9}$ Ellen Länge, bei welcher Größe sie keine Veranlassung zu einem Aufenthalte des Eisganges durch Brückenjoche geben können.

Zum Aufeisen dieser Fläche werden unter obigen Annahmen 4 Rinnen nach der Länge, jede zu $44\frac{3}{10}$ Ellen Länge und 4 Rinnen nach der Breite, jede zu $41\frac{2}{3}$ Ellen Länge, folglich überhaupt $343\frac{13}{15}$ Ellen Rinne erfordert. Da nun bei den damals angestellten Versuchen die laufende Elle Rinne in 18 Zoll starkem Eise zu hauen in Accordarbeit mit vier Pfennigen bezahlt wurde, so beträgt mithin der Kostenaufwand zu Aufeisung der gedachten Fläche 4 Thaler 18 Groschen $7\frac{1}{15}$ Pfennig, dagegen eine, zu jenen Versuchen angewendete 96 pfündige Bombe mit 4 Pfund Kornpulver zur Ladung und dem Bränder, ohne noch die Transportkosten und die Löhne für die zum Einsetzen der Bombe und zu Hauung der Oeffnung in die Eisdecke nöthigen Mannschaften zu rechnen, 12 Thaler 5 Groschen 7 Pfennige kostete.

Wenn nun schon hiernach der Aufwand zu Sprengung des Eises durch Bomben beinahe zwei und ein halb mal mehr beträgt, als bei Aufeisung durch Arbeiter, so erhöhet sich dieses Verhältniß noch dadurch, daß bei fortgesetzter Aufeisung, wenn sie auch nur nach einerlei Richtung und nicht in der Länge und Breite zugleich erfolgt, bei dem zweiten anliegenden Quadrate von $44\frac{3}{10}$ Elle Seitenlänge allezeit eine Rinne, es sey nun in die Länge oder Breite, ersparet werden muß, mithin bei jedem der folgenden nur ohngefähr 300 Ellen Rinne nöthig werden, was nach obigem, auf Erfahrungssätzen gegründetem Arbeitslohne 4 Thaler 4 Groschen ausmacht; nicht zu erwähnen, daß bei einem wieder eintretendem Frostwetter, die 16 Zoll breiten Rinnen weniger fest zufrieren und leichter wieder geöffnet werden können, als die Risse, welche die Bombe verursacht hat.

§. 6.

Ob man gleich, nach dem Obigem es für ausgemacht annehmen kann, daß die Zertheilung des Eises durch Bomben kostspieliger und unsicherer ist, als mit der Eisaxt und Eissäge, so erlaubt doch bei schnell eintretendem starken Thauwetter bisweilen die Zeit nicht, die Aufeisungen so weit, als nothwendig wäre, auszudehnen, ohne die Arbeiter der Gefahr auszusetzen. Hier scheint nun der höhern Kosten ohnerachtet das Wurfgeschütz ein zweckmäßiges Mittel zu Zertrümmerung der Eisdecke auf den Puncten darzubieten, wo die letztere nicht hat durch das Aufeisen bewirkt werden können.

Allein angestellte Versuche haben bewiesen, daß auch hier die auf das Eis geworfenen Bomben eben so wenig leisten, als die, durch gehauene Oeffnungen eingelassenen. Sie hatten auf Stellen, wo sich viele Wassertiefe befand, fast gar keine, bei geringern Wassertiefen aber auch nur eine unbedeutende Wirkung, schlugen auch wohl, wenn das Eis unmittelbar auf dem Wasser auflag, bei einer Eisstärke von etwa 16 Zoll, gar nicht mehr durch, sondern rollten auf der Eisfläche hin, bis sie, ohne einigen Erfolg hervorzubringen, sprangen.

§. 7.

Es ist noch übrig, des Gebrauches des Wurfgeschützes gegen Eisschütze zu gedenken.

Wäre das Wurfgeschütz in dem Moment der Entstehung des Eisschutzes zur Hand, so würde man es zu Zertrümmerung der Eisschollen, die den Fortgang des Eises hemmen doch vielleicht noch zweckmäßig anwenden können, allein dieß ist in der Regel unmöglich, weil man nicht im Voraus weiß, wo und wenn ein Eisschutz sich bilden werde, und man doch nicht auf allen Puncten Wurfgeschütz aufstellen kann, am wenigsten in flachen Gegenden, in denen es samt der Bedienungsmannschaft von dem schnell anwachsenden Wasser abgeschnitten werden möchte. Ist aber nur eine kurze Zeit, nur etwa eine viertel Stunde vergangen, so dürfte die Zertrümmerung der, dem Eisschutze zum Stützpunct dienenden Eisschollen, seinen Fortgang schon nicht mehr allein bewirken. Denn die nachfolgenden Eisschollen werden sich auch in kurzer Zeit so fest an- und untereinander, ja zuweilen bis auf den Grund verschoben haben, daß, wenn auch die Schollen, welche dem Schutze die Entstehung gaben, wirklich zum Fortgange kämen, doch letzterer selbst schon Festigkeit genug erlangt hat, um ohne Stützpunct stehen zu bleiben, wenn nicht das hinter demselben aufstauende Wasser für sich allein im Stande ist, ihn fortzubringen.

Hier ist daher die Anwendung des Wurfgeschützes wieder ohne Nutzen, zumal da, wie ebenfalls durch Versuche bestätigt worden, es um so weniger möglich wird, damit Eisschollen gehörig zu zertrümmern, wenn bereits ein hoher Wasserstand eingetreten ist, oder sich unter diese Eisschollen schon andere verschoben hatten.

§. 8.

Am allerwenigsten würde es aber möglich seyn, in einem Eisschutze, der sich bereits festgesetzt hat, durch Bewerfen mit Bomben, seiner Länge nach, solche Oeffnungen hervorzubringen, daß das hinter demselben sich angehäufte Wasser eindringen, ihn heben und auf diese Art fortführen könnte, denn abgerechnet die große Menge Munition, welche zu einem solchen Unternehmen erforderlich seyn würde, so müssen auch die allermeisten zu dem Behuf geworfenen Bomben, um deswillen ohne Wirkung bleiben, weil sie, wegen der Menge der bei einem solchen Eisschutze vielfach unterschobenen Eisschollen, wie schon gedacht, gar nicht durchschlagen könnten.

Berichtigung.

Auf Seite 58. Zeile 8 von oben muß: ihren Weg wegfallen.

b
a
f
d

1

23.

24.

g
a

Tab. I.

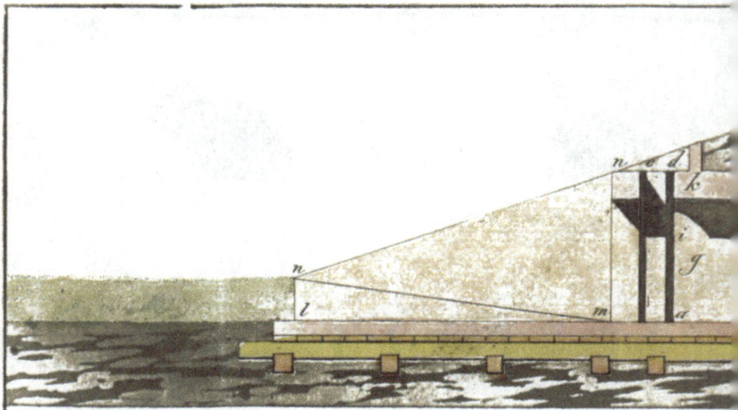

Tab. II.

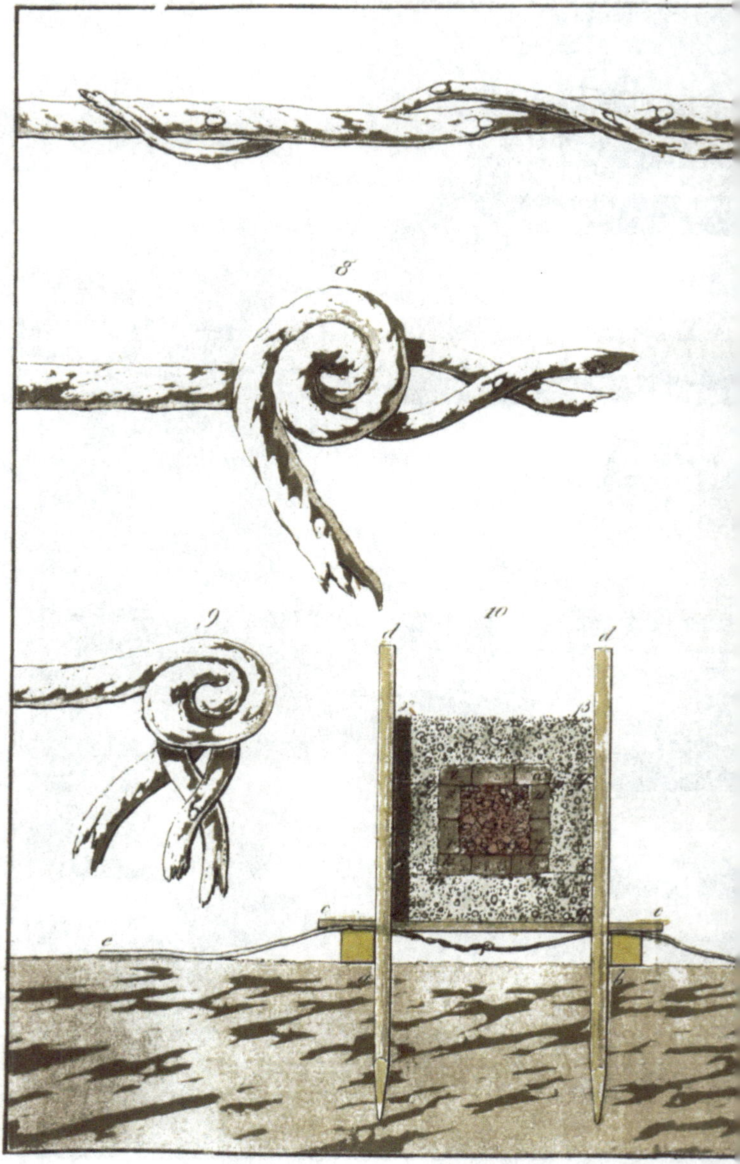
8
9
10
d
d
c
c
e

11
e e e e e e e e e e e
e e e e e e e e e e e

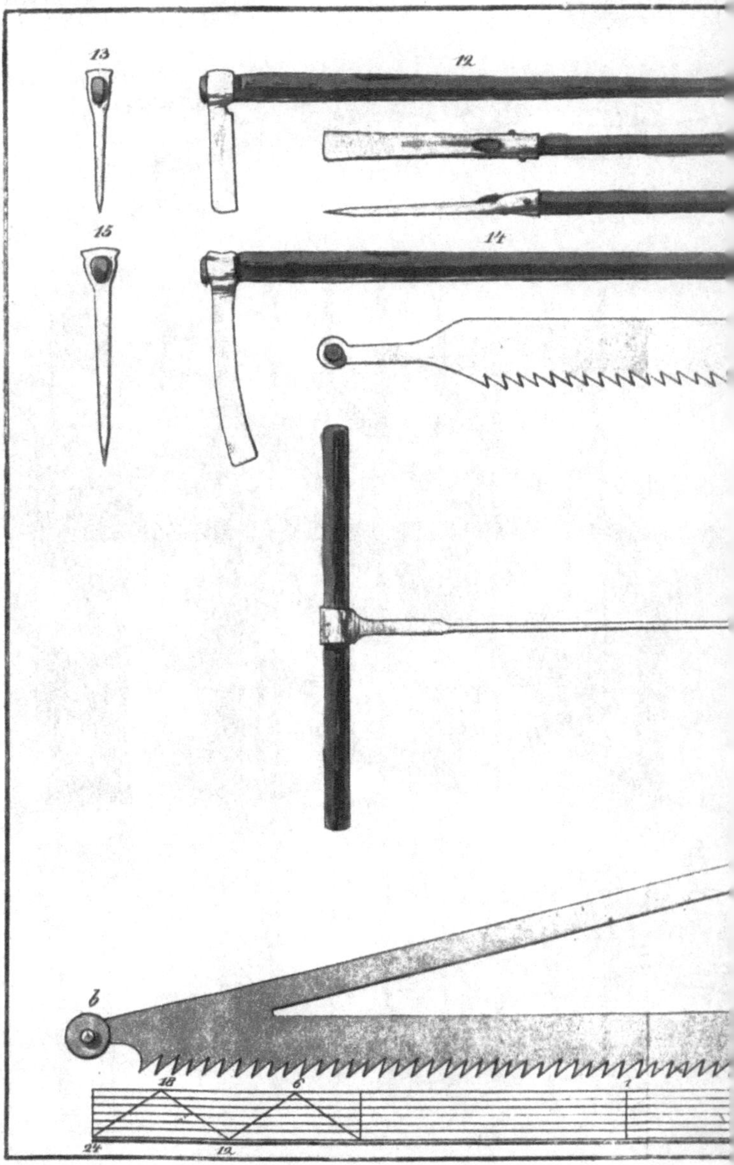
13
12
15
14
b
18
6
1
24
12

Tab. IV.

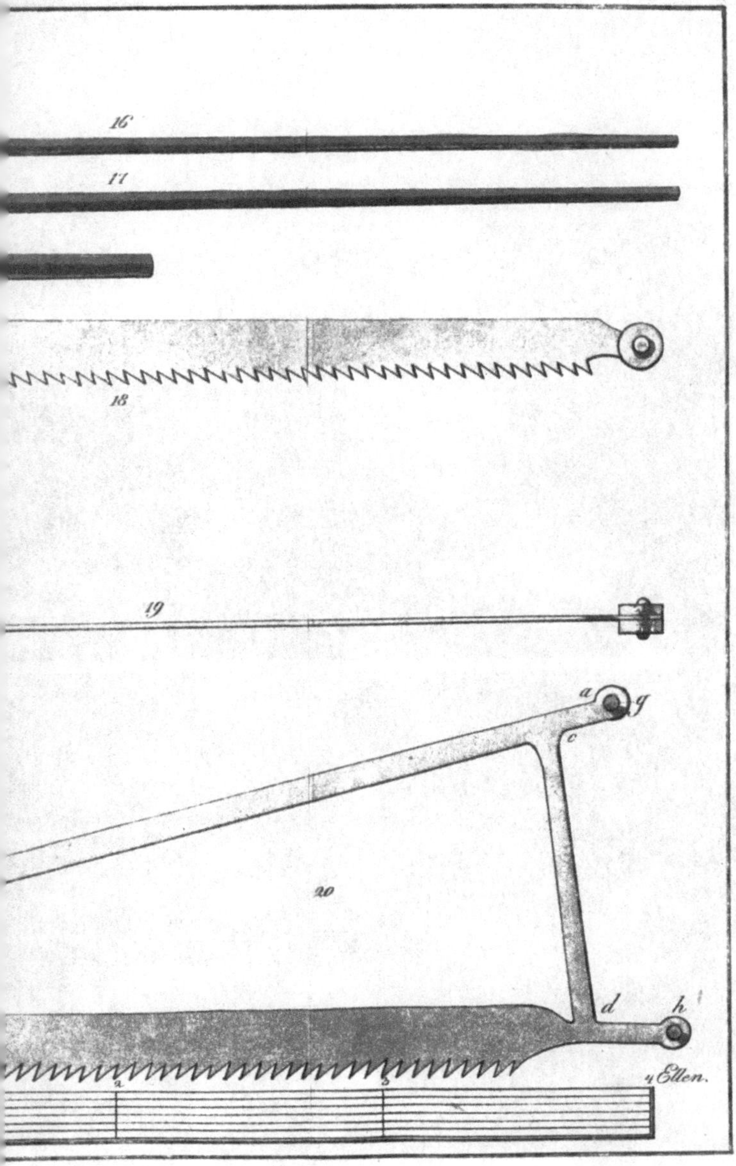

Tab. V.

p
i
q
k
1 2 3 4 5 6 7 8 9 10 11

g
a
h
u
d
e
v
b
c
f
s
l
m
n
y
i
o
14 15 16 17 18 19 20 21 22 23 24 25 El.

29
30
31
a
b
c
d
e
g
h
i
zu Fig. 29.32.
E.
zu Fig 3031.

Tab. VII.

39.
Profil durch A.B
a
b
A
B
42
Profil durch E.F.
E
F
18
6
1
2
3
4
24
12

40.
Profil durch C D
c
d
43
Profil durch G H
5
6
7
8
9
10 E.

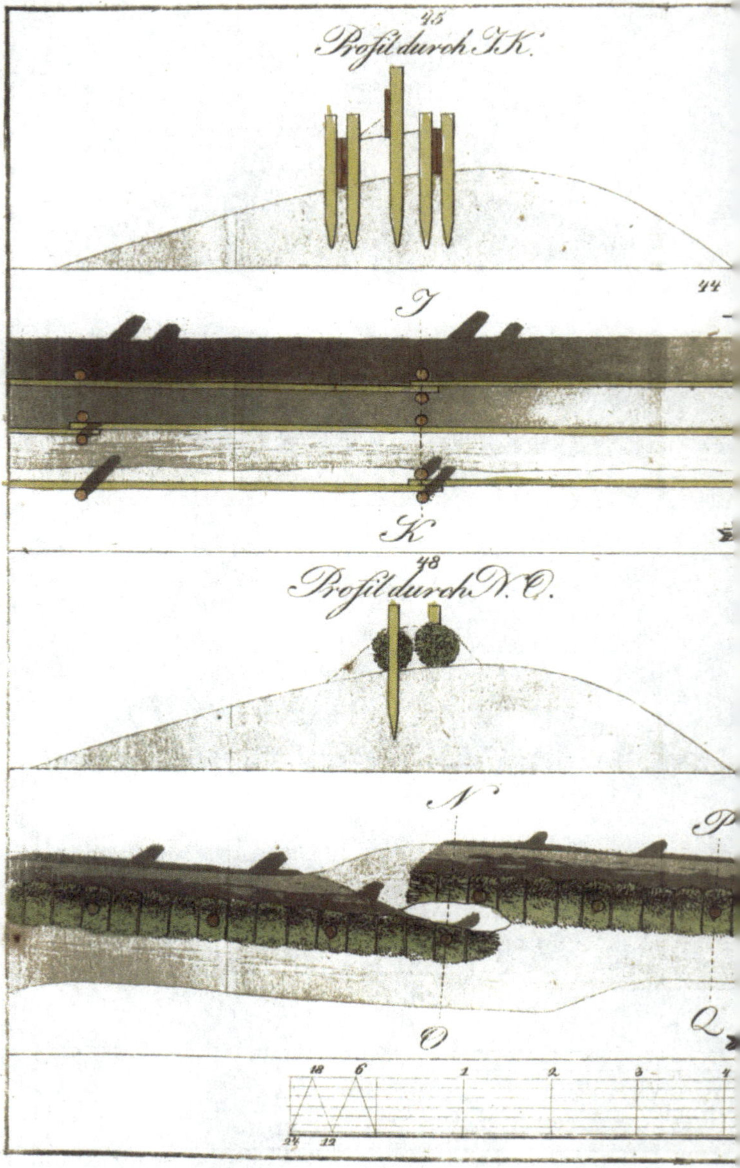

45
Profil durch J.K.
44
J
K
48
Profil durch N.O.
N
P
Q
O
18
6
1
2
3
4
24
12

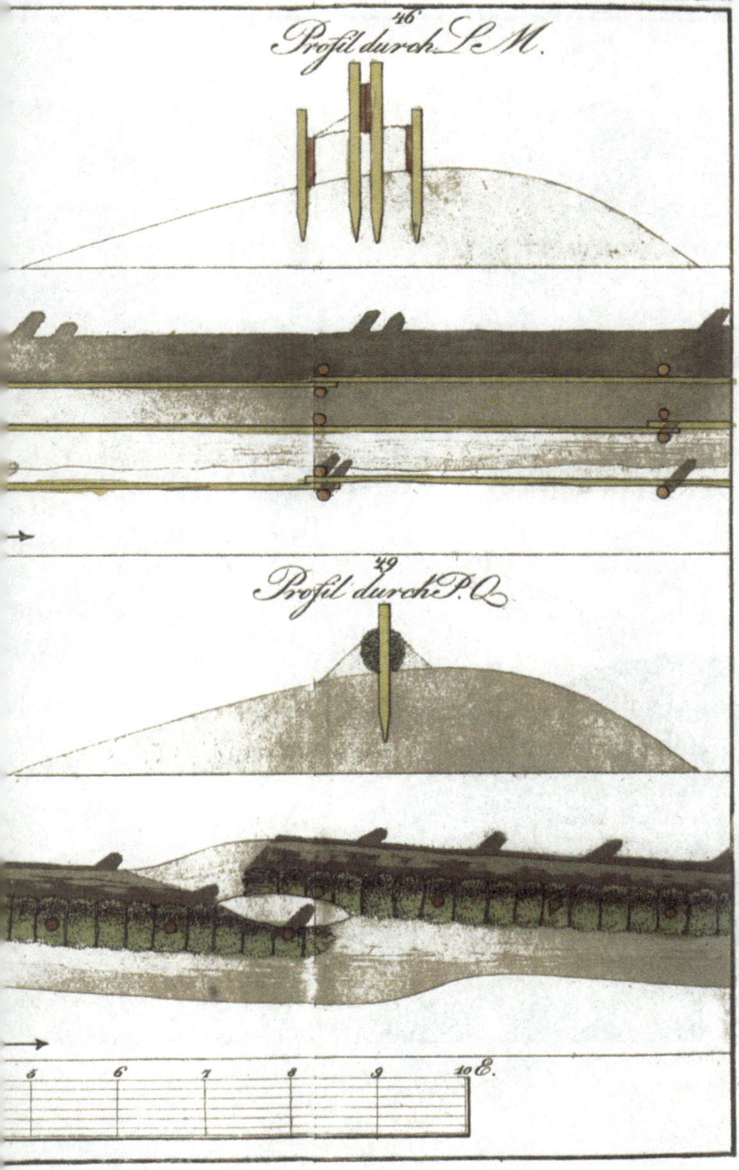
46
Profil durch L. M.
49
Profil durch P. Q.
5
6
7
8
9
10 E.

28.

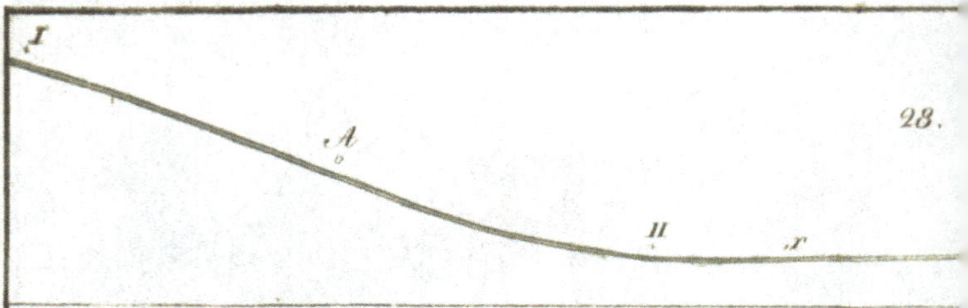

50.

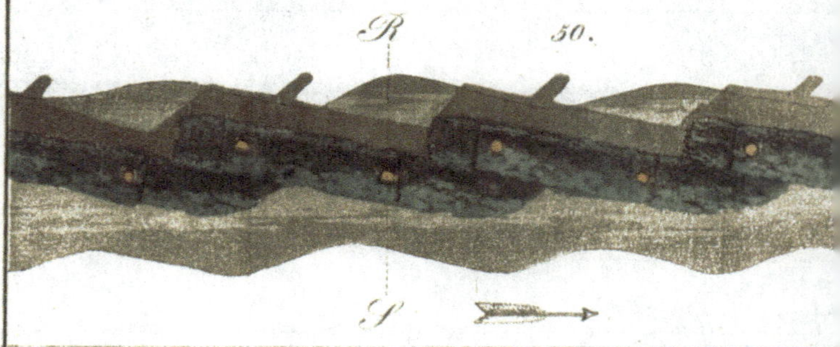

52.

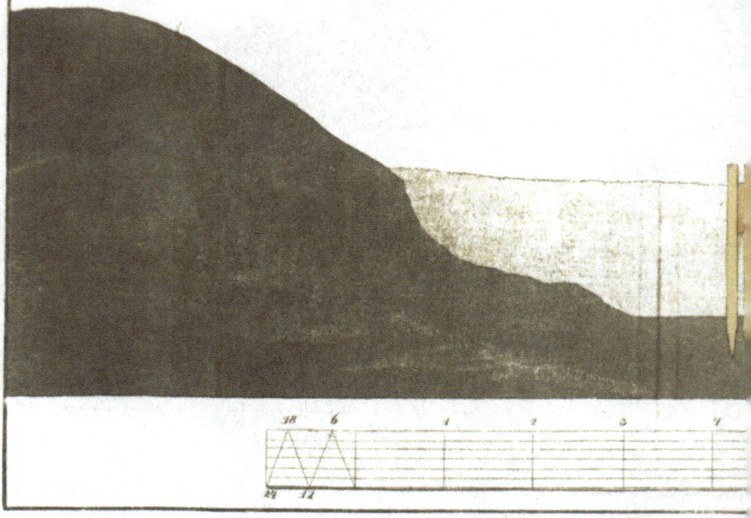

Tab. X.

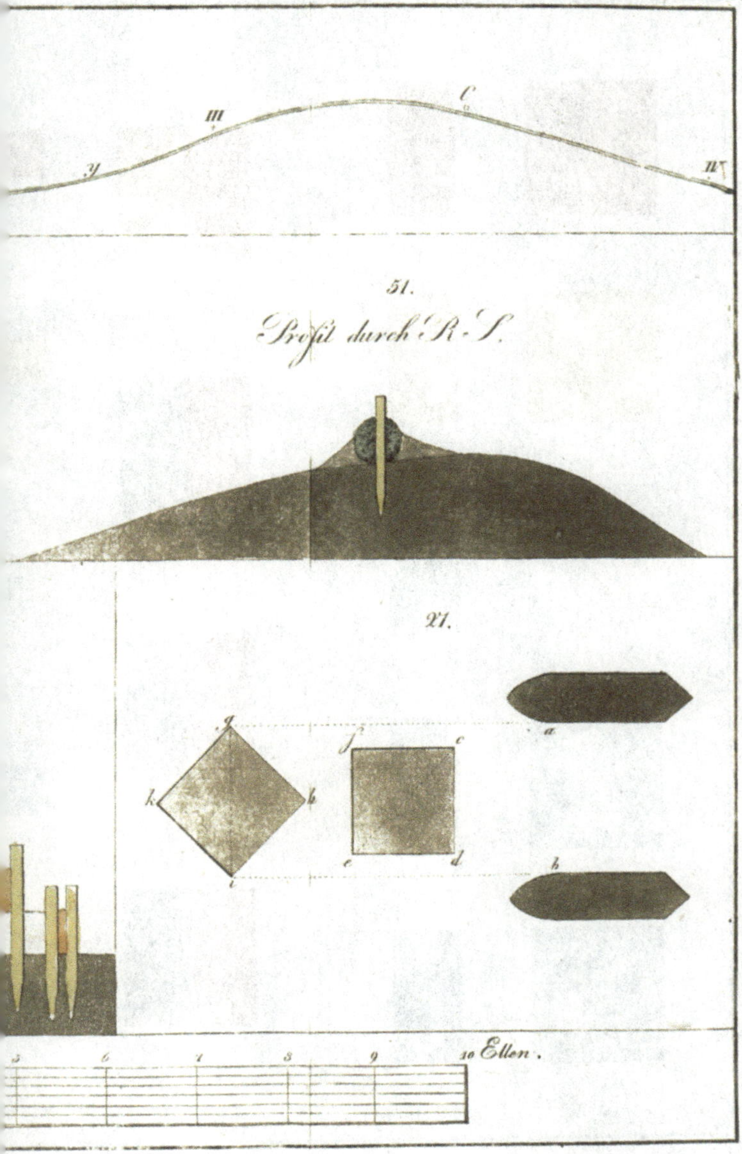

53
58
63
10
6
54
59
2
64
20
55
60
7
3
30
65
56
61
8
4
40
66
57
62
9
5
50

Tab. XI.

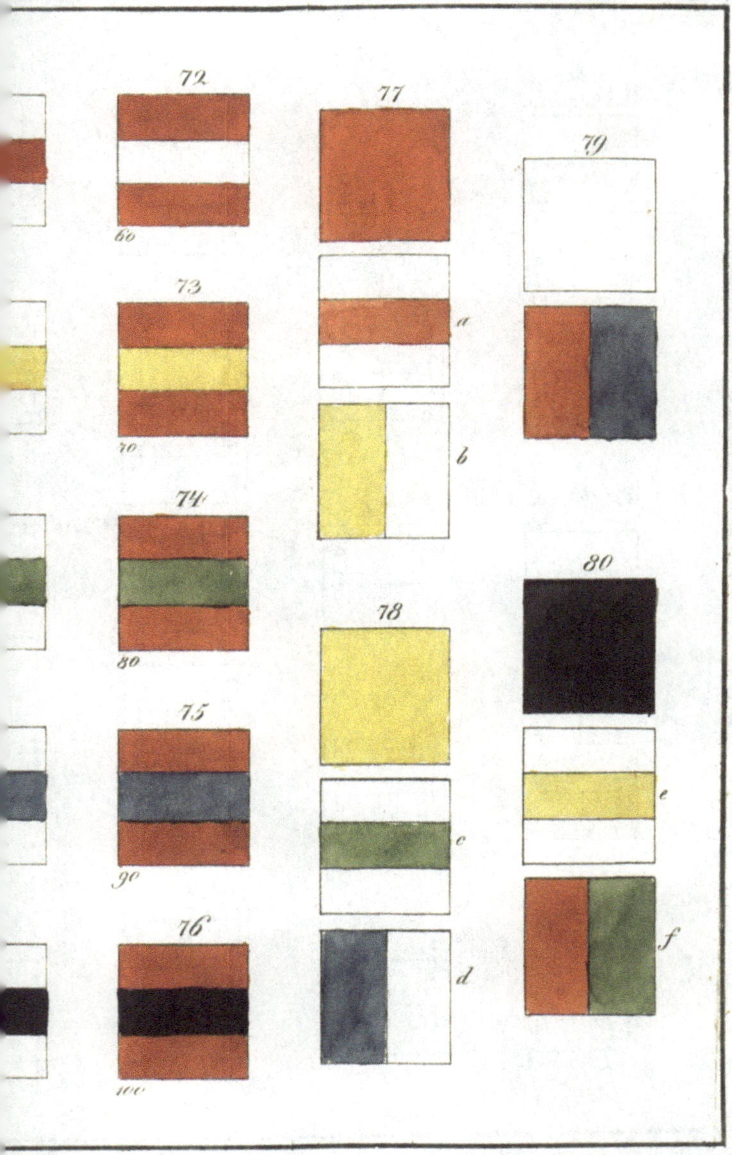

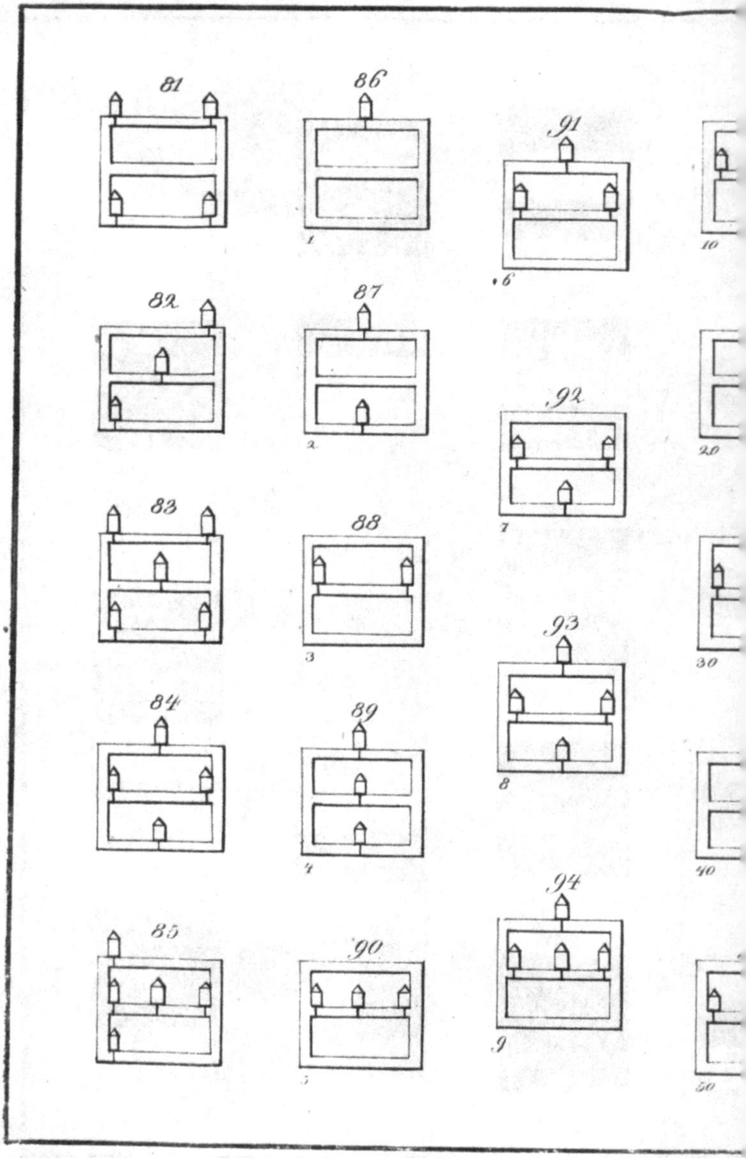
81
86
91
82
87
92
83
88
93
84
89
94
85
90
1
2
3
4
5
6
7
8
9
10
20
30
40
50

Tab. XII.

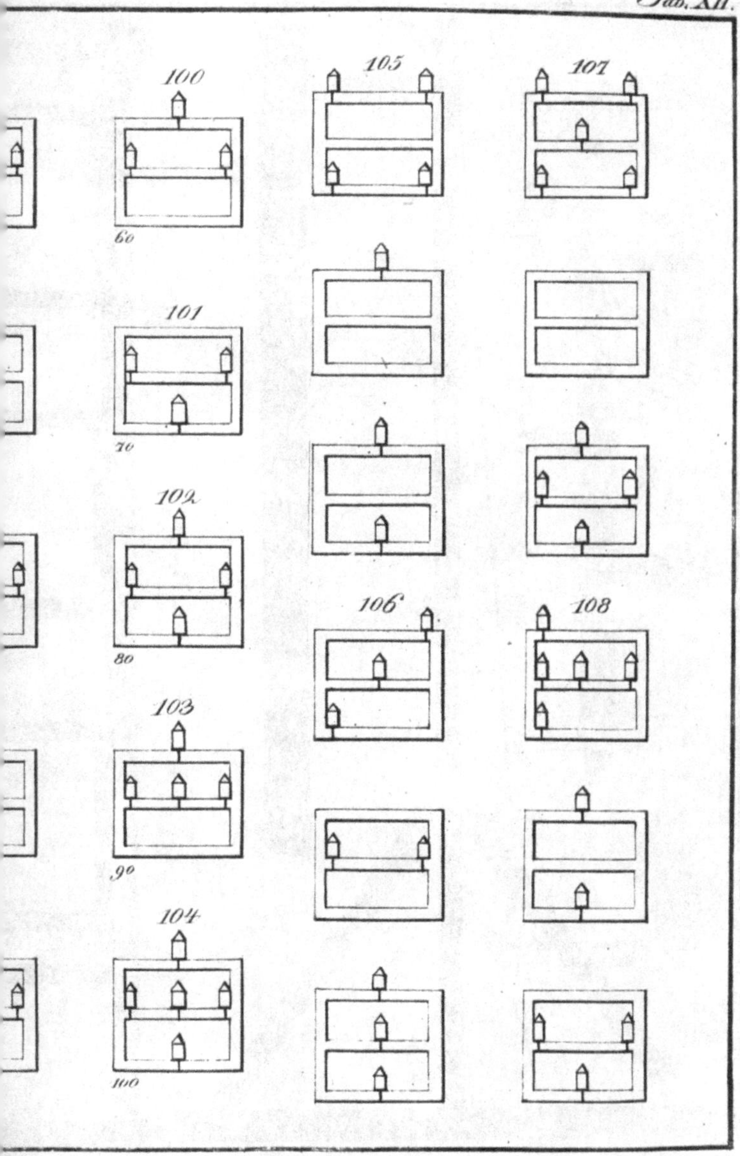

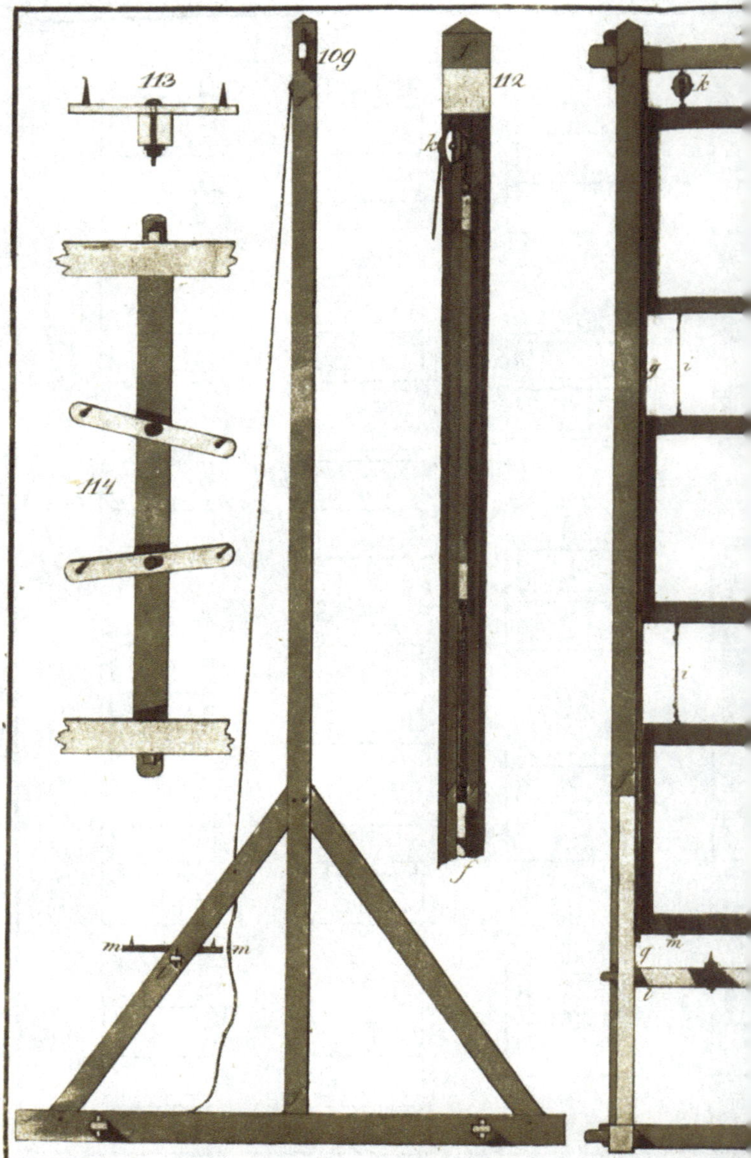

113
109
112
f
k
k
g
i
i
114
m
m
q
m
l
f

Tab. XIII.